Research on Environmental Protection
Tax Practical Management in
Petroleum & Petrochemical Industry

石油石化行业环境保护税实践性管理研究

刘建军 高燕 / 著

中国财经出版传媒集团
经济科学出版社
Economic Science Press

前 言
<< Proface

  作为我国落实生态文明建设的重要举措之一,《中华人民共和国环境保护税法》于 2018 年 1 月 1 日起正式实施。我国的环境保护税有其显著特征,包括:属于对主要污染物直接排放征税的调节型税种;其渊源是排污收费制度;各省(自治区、直辖市)在税法规定的幅度内确定大气污染物、水污染物税率;采用税务征收、环保配合的征收方式;收入纳入一般预算收入,全部划归地方等。

  油气田企业在不同的工艺过程中,通常会涉及排放固体废弃物、废水、废气、噪音这四类污染物,污染物产生环节及环境风险防范环节较多。本书梳理了石油石化行业污染物排放特征及环境保护税基本征缴情况。在调研过程中发现环境保护税在油气田企业实施方面存在计税方式复杂,申报信息繁杂,个别政策尚不明确以及纳税人环保方面投资加大,税收激励措施不足等问题,建议政策制定宜进一步体现公平原则与效率原则,同时尽早明确税企有争议的政策。关于石油石化行业关注度比较高的油气田回注水是否应税问题,本书认为,综合考虑油气田行业的特殊性,我国油气对外依存度高,油气田开采难度大、技术要求高以及油气田回注水污染物监测是否具备征税条件等因素,回注水可以考虑暂缓征税,现阶段应首先加强环保部门对回注水污染物排放情况的监管,在环保部门监管基本到位的情况下,可进一步考虑对达标排放的回注水实施免税等政策。

  环境保护税作为新实施的一个税种,与排污费相比,更具强制性,税基确定方法等相对复杂,漏交少缴违法风险加大。环保税立法通过后,一系列操作规范相继出台,纳税人需把握这些新的法律法规,系统对风险点加以梳理,以防控新税种实施可能引发的纳税风险。本书从制度遵从的风险管理角度、税务机关对环保税风险指标管理角度以及调研发现的重点风险三个角度，对石油石化行业环境保护税缴纳中的风险进行了系统梳理。企业应在把握环保税缴纳过程中可能出现的风险点的基础上，密切财务部门与安环部门的信息沟通，财务、安环部门之间应建立固定、紧密、畅通的信息沟通、传递和配合机制，从内部控制制度上为环保税合规缴纳、管控风险提供保障。同时，鉴于成文法制度下，税法规定或多或少有一些模糊地带或者原则性规定，导致税法适用过程中，不同税务机关基于自身的理解不同，税法适用可能存在差异，企业应就有争议的问题保持与主管税务部门的积极沟通，以防范与管控涉税风险。

环境保护税制度推出后，会根据实施情况不断改进和完善，本书前瞻性地对可能的制度转换风险进行了分析。本书认为，我国对碳减排持积极态度，未来在碳交易与碳税的减排手段选择上，仍然会以碳交易手段为主，对碳交易不能覆盖的行业企业，由于以小微企业为主，在近年来减税降负的大背景下，近期纳入环保税征税范围的可能性不大，即使将二氧化碳象征性地纳入环保税征收范围，按照国际通行做法，征税时一般也会将已实施碳交易的项目排除在外。因此，企业近期重点应积极研究应对碳交易减排机制带来的影响。需要注意的是，根据《碳排放权交易管理暂行条例（征求意见稿）》，温室气体除了二氧化碳以外，还包括甲烷、氧化亚氮、氢氟碳化物、全氟化碳、六氟化硫和三氟化氮。因此，企业除了关注二氧化碳排放以外，也应关注其他温室气体的排放及交易。此外，将排污许可证执行报告中的实际排放量作为环保税计税依据可能是未来改革的一个方向，企业应尽早将环保税申报管理与排污许可执行报告合并管理，以应对可能的制度转换带来的纳税风险。

本书在编写过程中得到了中国石油化工集团高级专家尚胜利同志以及北京华安永道企业管理有限公司的大力指导和帮助，在此深表谢意。

本书不当之处，敬请读者批评指正。

目 录
<< Contents

第1章 环境税收理论依据与国际实践 1
1.1 环境税收的理论依据 1
1.2 绿色税制改革的国际实践 5

第2章 中国环境保护税实施背景、特点及功能定位 11
2.1 实施背景 11
2.2 主要特点 13
2.3 环境保护税在我国绿色税制中的定位 14

第3章 环境保护税实施情况的基本分析 17
3.1 实施基本情况 17
3.2 基本效应分析 23

第4章 石油石化行业污染物排放特征及环境保护税基本征缴情况 25
4.1 石油石化行业污染物排放情况 25
4.2 油气行业税收整体概况分析 36
4.3 环境保护税基本征缴情况 43

第5章 环境保护税实施中存在的问题分析及优化建议 47
5.1 环境保护税实施中存在的问题分析 47

5.2 相关建议 58

第6章 石油石化行业环境保护税缴纳中的风险点梳理 62
6.1 环境保护税风险点梳理——基于制度遵从的风险管理 62
6.2 环境保护税风险指标管理——基于税务部门风险管理指标的运用 79
6.3 环境保护税申报重点风险——基于调研的分析 83

第7章 环境保护税制度变化的风险分析及应对 87
7.1 税费制度转换的风险分析 87
7.2 环保税相关制度变化趋势前瞻性风险分析及应对 89

附录1 中华人民共和国环境保护税法 95
附录2 中华人民共和国环境保护税法实施条例 105
参考文献 110

第 1 章

环境税收理论依据与国际实践

1.1 环境税收的理论依据

1.1.1 外部性与解决外部性的"庇古"思路

庇古在马歇尔提出的"外部经济"概念基础上，运用现代经济学的方法，从福利经济学角度系统地对外部性问题进行了研究。庇古通过分析边际私人净产值与边际社会净产值的背离来阐明外部性，提出外部性实质上是私人收益率与社会收益率的差额问题，并且认为征税和补贴可以实现外部效应内部化。运用税收手段将负外部成本内部化通常被称为"庇古税"，由于庇古认为最优的税率水平应等于污染造成的边际损害成本，而实践中边际损害成本几乎不可能准确确定，"庇古税"被认为只是一种理想化的税收。经济合作与发展组织（OECD，1972）为寻求更有效率的环境政策以应对日益增长的环境压力，以"庇古税"理论为基础，通过进行部分修正，提出"污染者付费"原则。污染者付费原则明确了承担环境负外部性成本的主体，要求税负设计应基于政府确定的环境保护目标，使环境达到一个"可接受状态"，该原则是实践中对"庇古税"的发展与应用，也成为指导各国环境税实践的重要指南。

1.1.2 公共物品理论

狭义的公共物品指既具有非排他性又具有非竞争性的纯公共物品，广义的公共物品指具有非排他性或者非竞争性的物品，包括俱乐部物品、公共池塘等。鉴于现实中纯公共物品较少，研究中广义公共物品的概念已被广泛使用。由于公共物品具有非排他性、非竞争性的特点，理性人会预测到取得公共物品的成本可以为零，导致出现获得利益却逃避付费的搭便车行为，当公共物品为共有资源时，由于一项资源或财产的使用权有许多拥有者，在缺乏约束的条件下，个人博弈的最优策略是增加使用，因而使资源由于过度耗用而枯竭，出现"公地悲剧"的市场失灵。公共物品理论为政府直接提供公共物品或者通过合理的制度安排矫正市场失灵提供了依据，也提出了要求。将公共物品理论运用于资源与环境问题研究，有助于揭示环境问题产生的原因，寻求有效解决方式。

与环境相关的公共物品较多，例如，大自然提供的环境容量资源和自然资源；行为主体提供的污水治理、垃圾处理等环境服务。由于环境技术创新在解决环境问题中具有关键作用，环境技术创新无法阻止其他企业从中获利、具有外溢性的公共物品特征也越来越受到重视。环境公共物品在使用中存在的"搭便车"、过度使用等问题，会引发与环境相关的双重市场失灵：一方面，提供环境保护所需的资金、环境服务与环境创新提供不足；另一方面，环境容量资源与自然资源过度使用，造成环境污染与资源浪费，需要政府予以干预。税收手段既可以从公共产品的供给角度，也可以从限制公共产品的过度使用角度发挥作用。从公共产品的供给角度，可采用收入型环境税以及运用税收优惠增加供给，政府可通过征税的方式向所有使用环境公共物品的人收取价格，为提供环境公共物品筹集资金；对于环境服务、环境技术创新则可运用税收激励措施以支持其供给。从限制公共物品的过度使用角度，可运用调节型环境税，通过要求纳税人为损坏环境、使用资源的行为支付相应的"价格"，体现环境资源价值，达到矫正由于环境公共物品具有非排他性、非竞争性造成的"免费搭车""不合作博弈"等行为机制的目的，引导纳税人减少污染排放与资源耗费，避免环境公共物品被过度使用。

1.1.3 双重红利理论

双重红利的观点由皮尔斯（Pearce）正式提出，很多学者对环境税

"双重红利"的概念进行了全面和深入的阐释,并围绕能否产生"双重红利"引发了一系列的争论。"双重红利"一般指在环境税收入保持中性的前提下,征收环境税不仅能够有效地抑制污染,改善环境质量,实现"绿色红利",而且还可以通过税收转移,削减具有扭曲效应的劳动税、资本税等的税收负担,减少税收制度对经济资源配置的扭曲程度,促使经济效率和社会就业水平的提高,实现"蓝色红利"。博芬贝格和玛莉德(Bovenberg and De Mooij,1994)提出了影响"双重红利"的"收入循环效应"和"税收交互效应",并认为"双重红利"是否存在取决于"收入循环效应"与"税收交互效应"作用程度的对比,当环境税的收入循环效应大于税收的交互效应时,环境质量改善,同时就业增加,双重红利成立;当环境税的收入循环效应小于税收的交互效应时,就业减少,双重红利不存在。耶格(Jaeger,2001)则提出,收入效应以生产及效用二种形态对劳动要素造成影响,由于社会所得边际效用大于个人所得的边际效用,收入返回作用效应对劳动要素的正向影响大于相互作用效应的负向影响,使得"双重红利"存在。尽管"强双重红利"或"就业双重红利"是否存在有很大争议,但经济学家对"绿色红利"的存在基本不存在争议,大部分经济学家也认同"弱双重红利"存在的可能性[①]。

双重红利理论基于环境税收入中性前提下对环境税的实施效应进行分析,一方面论证了开征环境税的同时减少税收超额负担的可能性;另一方面为政治家顺利引入环境税提供了路径指导,使环境税的实施更容易获得政治上的支持。欧盟国家在实施环境税改革时都重视收入中性原则,在征收环境税的同时,降低个人所得税等税负,如英国在宣布征收气候变化税的同时,宣布雇主的社会保障捐款降低0.3%。

1.1.4 环境权理论

环境权是环境法律关系主体就其赖以生存、发展的环境所享有的基本

[①] "弱双重红利"指通过使用环境税收入减少原有的扭曲性税收可以减少税收的超额负担;"强双重红利"指通过环境税改革可以实现环境收益以及现行税收制度效率的改进,增进福利水平;"就业双重红利"指环境税改革在提高环境质量的同时能够促进就业。

权利和承担的基本义务，环境权的内容既包括环境权利，又包括环境义务。环境权主体可以界定为公民、单位、国家,①公民环境权是指公民享有现有的环境受到保护、利用环境资源的权利以及合理保护各种环境要素、环境资源的义务；单位环境权是指单位有合理享用适宜环境的权利，也有合理保护适宜环境的义务；国家环境权既是国家的基本法律权利，也是国家的基本环境法律义务，并且作为全体国民委托而产生的一种环境权，对个人和单位环境权具有指导作用。环境权客体是指环境权主体的权利义务所指向的对象，包括物、行为和其他权益，其中物包括各种环境要素或资源，各种污染物质和现象，构成污染源和防止污染、保护环境的工程设施等物质；行为主要指参加环境法律关系的主体所指向的对环境有影响的各种行为或活动，包括开发、利用、保护、改善和管理等行为或活动，其他权益指生命、健康等人身权。

环境资源的稀缺和分配稀缺环境资源的需要是环境权产生的物质方面的原因。从权利的利益要素角度考察，环境权实际上是国家环境权、单位环境权之间的利益协调，通过这种利益协调，使环境资源配置符合生态要求、经济效率等多重目标，使之减少经济行为对公民环境权的侵害。环境税收政策运用税收法律明确纳税人相关权利与义务，通过对污染行为征税引导纳税人减少污染商品的生产或者运用清洁技术、改变工艺减少污染排放量，通过对环境友好行为提供税收优惠，引导全社会环境技术不断创新，资源利用实现减量化、再利用、再循环等，既是协调国家环境权、单位环境权的重要经济法律制度安排，也是保护公民环境权的经济法律制度安排。

1.1.5 社会责任理论

企业社会责任（Corporate Social Responsibility，CRS）的思想形成于20世纪初的美国，对于企业社会责任的关注则源于19世纪末西方企业日益大型化及其引发的诸多社会问题。2010年9月，随着国际标准 ISO26000 的

---

① 蔡守秋. 环境政策法律问题研究［M］. 武汉：武汉大学出版社, 1999.

颁布，宣告了社会责任全球标准的正式诞生，企业社会责任也由初始的一种企业经营理念发展跃迁为社会责任国际标准。基于卡罗尔（Carroll）的CSR金字塔模型、利益相关者理论和现阶段的社会责任观，企业社会责任的内容包括企业的经济责任、企业的法律责任、企业的伦理责任及企业的自愿性慈善责任，具体构成内容见图1－1，其中，环境保护是构成企业社会责任的重要内容。

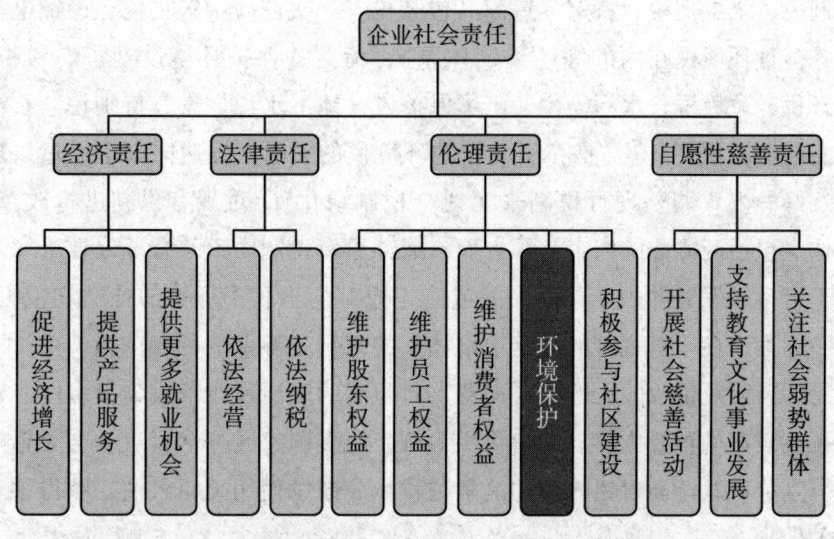

图1－1　企业社会责任的构成

1.2　绿色税制改革的国际实践

1.2.1　绿色税制改革概况

污染者付费原则的提出显示可持续发展观引领下经济手段在环境保护中的作用受到前所未有的重视，欧洲于20世纪90年代开始实施了以环境保护为目的的税制改革，北欧各国最早使用环境税改革（environmental tax reform）的概念，荷兰、英国、德国等随后也陆续使用了环境税改革的概念。环境税改革的实施使一系列环境税收制度应运而生，环境税成为各国使用最普遍的一种环境经济政策，奠定了税收手段在环境经济政策中的重要地位。

从发达国家引入环境税改革的路径来看，所实施的环境税制改革主要通过开征新税种和对原有税制进行改革两个途径来实现。一是开征各种新的环境税。例如，丹麦通过1994年的"绿色税制改革"，建立了包括能源税、二氧化碳税、二氧化硫税、垃圾税、自来水税、氯化溶剂税、生长促进剂税、杀虫剂税、特定零售商品包装税、一次性使用餐具税、镍镉电池税等多种环境税在内的绿色税制体系①；荷兰为保护环境设立了燃料税、噪音税、垃圾税、水污染税、土壤保护税、地下水税、汽车特别税、石油产品的消费税等②。二是在引入新的环境税的同时，发达国家也通过以环境友好的方式调整现行税制来实现"税制绿化"。对现有税制进行改革，具体又包括两方面的内容：一方面，取消原有税制中不符合环保要求、不利于可持续发展的规定，即去除或修正原有的不利于环境的补贴和税收；另一方面，在原有税种的规定中增加新的有利于环保的税收措施。由于能源是污染以及税收收入的重要来源，对原有的能源税改革成为很多国家调整税收政策的重要内容。以消费税为例，许多国家区分含铅汽油与无铅汽油分别征税，调高含铅汽油的消费税税率，鼓励使用无铅汽油，取得了较好的效果③。

国际上征收的与环境保护相关的税收主要可分为以下几类：污染排放（或排污税）、碳税、污染产品税等，鉴于本书主要研究环境保护税，国际经验介绍主要集中在与我国征收的环境保护税征税对象接近的废气税类与废水税类。

1.2.2 对废气征税的国际实践

废气污染主要指二氧化硫和氮氧化物污染。对二氧化硫征税的国家包括丹麦、瑞典、挪威、波兰、拉脱维亚、意大利等；对氮氧化物征税的

---

① 高萍. 丹麦绿色税收探析 [J]. 税务研究, 2005 (4)：91-93.
② 计金标. 生态税收论 [M]. 北京：中国税务出版社, 2000.
③ 高萍. 中国环境税制研究 [M]. 北京：中国税务出版社, 2010.

国家包括丹麦、瑞典、挪威、匈牙利、意大利、波兰等。国外对废气征税主要经验或做法如下：

第一，税基确定方式主要有三类：一是直接按排放量征收；二是按所消耗的能源来征收，选择使用按能源消耗量征税的方式时，一般同时伴随有税收返还，即企业已经按照所使用燃料缴纳税款后，针对其采取脱硫措施或脱硝设施而减少的二氧化硫（SO_2）或氮氧化物（NO_x）排放量会给予税款返还；三是同时采用按排放量征收和所消耗的能源征税的方法。由于税务和环保部门控制化石燃料的生产、供应商要比监控无数的二氧化硫排放源易于操作，多数国家在控制二氧化硫污染排放时采用硫税来替代二氧化硫税。如丹麦虽然有排放税，但工业企业可以选择不按照排放量计税。但氮氧化物税税基确定的主要方法有所不同，主要选择对监测或估算的排放量征税的方式，很少采用按所消耗的能源征税的方法，这种不同主要源于氮氧化物的排放量更易受不同的燃烧过程、燃烧条件和温度等的影响，物料衡算法相对于二氧化硫的估算比氮氧化物的估算更为准确。对于选择按实际排放量征税的纳税人，使用的二氧化硫或氮氧化物排放量监测设备通常为环保部门要求使用的监测设备，在设备标准、正常使用、暂时不运行期间都有相应的报备管理。

第二，不同国家税负水平相差较大。税率的制定取决于各国的应税污染物削减成本、削减目标以及所要达到的刺激性目的等诸多因素，税率水平相差很大。部分国家税率还随通货膨胀率进行调整，如挪威等；部分国家氮氧化物的税负水平与二氧化硫的税负水平持平，如西班牙和拉脱维亚。

第三，一般在开征之初，或者税率较低，或者征收范围较小，随着该税种的逐渐完善，根据政策目标的需要，逐步调整税率和征税范围。如丹麦的二氧化硫税在 1996~1999 年逐渐引入，此期间税率逐步提高，1999 年以前该税只适用于含硫量超过 0.05% 的燃料。

第四，税收优惠领域主要涉及国防、外交、技术研究以及受影响较大的国内支柱产业。税收优惠的制定主要基于以下三方面的目标：一是对公益事业的支持与保护。二是强化环境激励效果。环境税作为一种对企业污染环境行为的惩罚性措施，税收优惠可实现对企业降低污染的奖励，即通过"限制与奖励并用"强化环境激励效果。三是维持产业竞争能力。环境税引入的初期,为避免影响企业的竞争力,常常提供一些短期优惠政策,促使企业加快适应新的税制,恢复和提高竞争力。

第五,征税与税收返还结合使用。为了达到有效的环境目标,征税与税收返还通常结合使用。如丹麦企业在能够证明其实际的排放因子低于确定税率的排放因子20%以上的情况下,可以按减排量得到氮氧化物的税收返还。瑞典采用按氮氧化物排放量征税,同时按纳税人的有效能源产量进行税收返还的方法,使高产出、低排放的纳税人成为净收入单位,低产出、高排放企业则为净支出单位,因此,尽管瑞典使用的税率较高,但是在提高能源利用效率,减少污染物排放的同时,企业竞争力未受到较大影响。

1.2.3 对废水征税的国际实践

废水税是一种典型的对流动污染物征收的排放类税目并且作为首选经济工具引入环境政策当中,在国外运行时间较长,有一些经验可供借鉴。法国与荷兰于1970年引入废水税,德国1981年、丹麦1997年实施废水税。其他一些欧盟成员国也在地区层面上适用废水税,如比利时的法兰德斯、意大利及西班牙一些地区。其中,荷兰、德国和丹麦实施的废水税代表了不同类型的税收方案,最具典型意义和借鉴意义[1]。

总体来看,国外对废水征税主要经验或做法包括以下几点。

1. 关于征税对象的选择

国外废水税征税对象主要以废水中的污染物为主。征税对象一般为所排放废水中的污染物含量,而非废水排放量。具体征税对象覆盖的水污染物范围根据各国污染状况的不同存在差异,丹麦、荷兰、德国三国中,丹麦纳入征税对象的水污染物项目较少,主要包括生化需氧量、氮、磷等,

---

[1] ECOTEC, CESAM, CLM, UCD and IEEP. Study on Environmental Taxes and Charges in the EU, Final Report [R]. 2001.

荷兰和德国征税的污染物种类则相对较多。

2. 关于征税范围的选择

各国征税范围选择有所不同，但一般对农业废水不征税，对工业废水和生活废水多选择对直接排放征税。

由人类活动产生的污染物造成的水污染源包括工业污染源、农业污染源和生活污染源三大部分，废水税一般对工业废水和生活废水征收，对农业废水不征收。而产生的工业废水和生活废水根据其是否通过市镇污水处理设施进行排放，又分为直接排放和间接排放。荷兰对所有向地表水排放的排放者，无论直接或间接排放都征收水污染税，实质上建立了污水税与污水处理费一体化的征收制度，德国和丹麦都对直接排放征税，但征税范围也略有差异，德国对工业和市政废水直接排放者征税，丹麦对工业、市政废水以及未与排污网络连接的住户征税。

3. 关于税基的选择

税基确定一般都引入"污染单位"的方法，将应税污染物排放量折合成污染单位数量征税。

当应税污染物项目较多时，需要针对每种污染物设计税率，"污染单位"的方法则通过选取统一的参数来衡量不同污染物各自相异的参数值，将不同污染物排放量折合成"污染单位"数量征税。如德国，使用"损害单位"的概念，每"损害单位"是指50公斤化学需氧量（COD）排放，25千克氮排放，3 000克磷排放，2 000克有机卤素化合物排放，20克水银排放，100克镉排放，500克镍排放，500克铅排放或1 000克锌排放。荷兰使用了"人口当量"的概念，一个人口当量相当于100克汞或镉或砷，或者相当于1 000克的铬、铜、铅、镍和锌。

4. 关于税率的选择

税率均采用定额税率，税率设计方式有两种：一是按污染单位设计税率，如荷兰、德国；二是直接针对某种污染物单位排放量设计税率，如丹麦，这种税率设计方式与应税污染物数量有关。税率水平一般由低到高，分阶段提高,并提前告知纳税人。如德国明确规定不同时限的收费标准,荷兰无论国家水体和地方水体,都采用税率时限标准,提前告知纳税人。

5. 关于减免税的使用

减免税运用范围差别很大,荷兰基本未使用减免税手段,德国税收减免与纳税主体是否遵从排放标准直接挂钩,税收优惠更体现强化环境激励效果,丹麦主要对六类工业生产者进行税收豁免,税收优惠更多地体现维持产业竞争能力的考虑。

6. 关于收入的使用

废水税收入主要用于减少水污染,保护水资源。征收废水税取得的收入多采用专款专用的形式,丹麦引入废水税的初衷主要是财政目的,但作为与议会妥协的一部分,税收收入中大量的资金也用于水资源保护。

第 ② 章

中国环境保护税实施背景、特点及功能定位

2.1 实施背景

2.1.1 环境形势背景

改革开放以来，中国国力明显提升，创造了不少奇迹，但也付出了巨大的资源环境代价。近年来，我国生态环境保护从认识到实践发生了历史性、转折性、全局性变化，美丽中国建设迈出重要步伐。但总体上看，我国生态环境保护仍滞后于经济社会发展，是"五位一体"总体布局中的短板。在大气环境方面，2017年，全国338个地级及以上城市中，环境空气质量达标的仅占29%；在水环境方面，部分区域流域污染仍然较重，各地黑臭水体整治进展不均衡，污水收集能力存在明显短板；在土壤环境方面，耕地重金属污染问题凸显，污染地块再利用环境风险较大，垃圾处置能力和水平还需提高。在生态方面，生态空间遭受持续挤压，部分地区生态质量和服务功能持续退化的局面仍未扭转。同时，由于区域经济社会发展进程不一，梯度差异明显，产业区域性转移特征突出，东南沿海地区总体进入工业化后期，生态环境压力持续缓解，环境质量相对领先；中西部地区处于工业化中后期，承接大量东部地区相对落后产能，加剧了环境压力。另外，城乡发展和环境治理不平衡，农村环境基础设施建设严重滞后，工业化、城镇化、农业现代化的任务尚未完成，发展与保护的矛盾依

然十分突出。[1]

2.1.2 政策背景

2007年10月胡锦涛在党的十七大报告中提出"建设生态文明,基本形成节约能源资源和保护生态环境的产业结构、增长方式、消费模式。循环经济形成较大规模,可再生能源比重显著上升。主要污染物排放得到有效控制,生态环境质量明显改善。生态文明观念在全社会牢固树立",并进一步提出"完善反映市场供求关系、资源稀缺程度、环境损害成本的生产要素和资源价格形成机制"。

2012年11月,党的十八大首次将生态文明建设作为"五位一体"总体布局的一个重要部分;党的十八届三中、四中全会先后提出"建立系统完整的生态文明制度体系""用严格的法律制度保护生态环境",将生态文明建设提升到制度层面;2015年10月党的十八届五中全会提出"创新、协调、绿色、开放、共享"的新发展理念,生态文明建设的重要性愈加凸显。

2017年10月党的十九大将"坚持人与自然和谐共生"作为新时代坚持和发展中国特色社会主义的基本方略,报告指出,从现在到2020年,是全面建成小康社会决胜期,要统筹推进"五位一体"的总体布局,而生态文明建设是其中的一个重要部分,并且污染防治攻坚战是这一时期的"三大战役"之一。报告还将中国未来发展分为两个阶段:从2020年至2035年,在全面建成小康社会的基础上,基本实现社会主义现代化。这一阶段要确保生态环境根本好转,美丽中国目标基本实现。从2035到2050年,把我国建成富强民主文明和谐美丽的社会主义现代化强国,我国生态文明等五大文明将全面提升。可见,从现在到2050年,生态文明建设将始终是我国社会主义建设最重要的内容之一。

2018年5月,习近平在全国生态环境保护大会强调,生态环境是关系党的使命宗旨的重大政治问题,也是关系民生的重大社会问题。习近平在2019年《求是》第3期杂志发表的《推动我国生态文明建设迈上新台阶》

---

[1] 李干杰. 我国生态环境保护形势与任务 [R]. 时事报告, 2018–05–21.

一文，科学概括了新时代推进生态文明建设必须坚持的"六项原则"：坚持绿水青山就是金山银山、坚持人与自然和谐共生、坚持良好生态环境是最普惠的民生福祉、坚持山水林田湖草是生命共同体、坚持用最严格制度最严密法治保护生态环境、坚持共谋全球生态文明建设。

环境保护税作为我国落实生态文明建设的重要举措之一，历经多年的研究和立法推动过程。2007年5月国务院节能减排综合型方案首次提出"研究开征环境税"，2010年10月通过的"中央关于国民经济和社会发展十二五规划的建议"提出"开征环境保护税"，2011年3月《中华人民共和国国民经济和社会发展第十二个五年规划纲要》进一步提出"积极推进环境税费改革，选择防治任务重，技术标准成熟的税目开征环境保护税，逐步扩大征收范围"，党的十八届三中全会明确要求"推动环境保护费改税"，直至2016年12月25日《中华人民共和国环境保护税法》通过，于2018年1月1日起正式实施。

2.2　主要特点

作为落实生态文明建设的重要税制改革举措而推出的环境保护税，具有以下基本特点：

一是环境保护税属于调节型税种。《中华人民共和国环境保护税法》第一条规定了环保税的立法目的是保护和改善环境，减少污染物排放，推进生态文明建设。环保税的首要功能是减少污染排放，而非增加财政收入。

二是环保税的渊源是排污收费制度。党的十八届三中全会明确要求"推动环境保护费改税"，环境保护税基本平移了原排污费的制度框架，环保税于2018年1月1日起正式实施，排污费同时停征。

三是属于综合型环境税。环境保护税的征税范围包括大气污染物、水污染物、固体废物和噪声四大类，与对单一污染物征收的税种不同，属于综合型环境税。

四是属于直接排放税。环境保护税的纳税义务人是在我国领域和管辖的其他海域直接向环境排放应税污染物的企业事业单位和其他生产经营者。如果企业事业单位和其他生产经营者向依法设立的污水集中处理、生活垃圾集中处理场所排放应税污染物，不属于直接排放，不征收环境保护税。

五是对大气污染物、水污染物规定了幅度比例税率。环境保护税对大气污染物、水污染物规定了幅度比例税率，具体适用税额的确定和调整由省、自治区、直辖市人民政府在规定的税额幅度内提出。对应税污染物规定税率区间可使经济水平、环境目标要求不同的地区在税负设置方面具有一定的灵活性。

六是环境保护税采用"纳税人自行申报，税务征收，环保监测，信息共享"的征管方式，税务机关负责征收管理，环境保护主管部门负责对污染物监测管理，高度依赖税务、环保的部门配合与协作。

七是收入纳入一般预算收入，全部划归地方。为促进各地保护和改善环境、增加环境保护投入，国务院决定，环境保护税收入全部作为地方收入。

2.3 环境保护税在我国绿色税制中的定位

在可持续发展观、科学发展观、生态文明思想引领下，通过三十多年的发展、演变，我国形成了由资源税、消费税、车船税等约束型环境税收制度以及由增值税、所得税的激励型环境税收政策构成的环境税收体系。具体来看，消费税主要调节部分会产生污染或者消耗自然资源的产品，如对成品油、木制一次性筷子、实木地板、小汽车等征税；资源税主要对矿产资源的开采进行调节，车船税通过对排气量大小设计不同税率体现污染与税负的挂钩，上述三个税种属于税收体系中与环境相关的税种，这些税种通过提高价格的方式以期达到减少使用、保护资源与环境的目的。增值税与所得税则通过设计大量的税收优惠政策，鼓励企业减少污染排放，加大环保投入。如增值税鼓励资源综合利用政策经过多次的补充规定和调整完善，相关政策不断规范化，运用即征即退方式，形成了鼓励综合利用共、伴生矿产资源，废渣、废水（液）、废气，再生资源，农林剩余物，以及垃圾处理、污水处理、工业废气处理劳务等基本激励制度，以期通过"减量化、再利用、再循环"方式系统地避免和减少经济过程中产生的废物。除了运用增值税优惠政策在生产环节减少污染物排放以外，所得税相关优惠政策在分配环节体现对环境友好行为的鼓励，优惠范围涉及购置环保专用设备、公共污水处理、公共垃圾处理、资源综合利用等，减免税方式包括税前扣除、减计收入、投资抵免等间接减免与直接减免方式。

尽管我国建立了绿色税制体系的基本框架，但长期以来，企业在生产过程中排放的污染物并未纳入调节范围，这意味着针对主要污染物的排放缺乏有效的经济手段（见图2-1）。

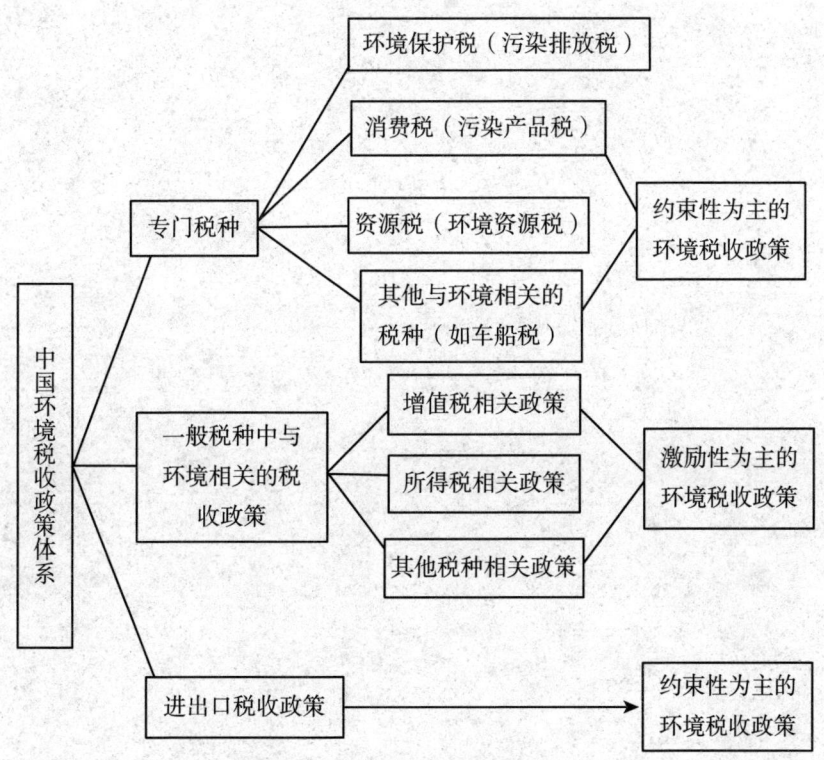

图2-1 中国环境税收政策体系构成

我国大气污染的主要污染物是二氧化硫和氮氧化物，工业排放占比较大，以2006~2010年情况为例，工业二氧化硫排放量占全部二氧化硫排放量的比例分别为86%、87%、86%、84%、85%；工业氮氧化物排放量占全部氮氧化物排放量的比例分别为75%、77%、77%、76%、79%。[①] 环境保护税的推出，意味着企业生产过程中排放的污染物纳入调节范围，在资源开采—产品生产—产品消费三个生产经营的基本环节中，税收手段介入污染物产生量、排放量最大的产品生产环节，从总体上强化了税收手段在环境保护中的作用。

---

① 根据环境保护部网站2006~2010年环境统计年报数据计算。

第3章

环境保护税实施情况的基本分析

3.1 实施基本情况

3.1.1 适用的相关法律规范

在 2016 年 12 月 25 日《中华人民共和国环境保护税法》颁布之后，国务院、国家税务总局等也相继发布了环保税实施的配套政策文件（见表 3-1），这些法律规范和政策文件成为征收环保税的基本依据。

表 3-1 环境保护税适应的相关政策文件和法律法规

序号	颁布时间	法律规范	发布单位
1	2016/12/25	中华人民共和国环境保护税法	全国人民代表大会常务委员会
2	2017/7/21	关于全面做好环境保护税法实施准备工作的通知	财政部、税务总局、环境保护部
3	2017/12/25	中华人民共和国环境保护税法实施条例	国务院
4	2017/12/27	海洋工程环境保护税申报征收办法	税务总局、国家海洋局
5	2017/12/28	关于发布计算污染物排放量的排污系数和物料衡算方法的公告	环境保护部

续表

序号	颁布时间	法律规范	发布单位
6	2018/1/27	关于发布《环境保护税纳税申报表》的公告	税务总局
7	2018/3/30	关于环境保护税有关问题的通知	财政部、税务总局、生态环境部
8	2018/5/15	国家工业固体废物资源综合利用产品目录	工业和信息化部
9	2018/10/25	关于明确环境保护税应税污染物适用等有关问题的通知	财政部、税务总局、生态环境部

3.1.2 税率适用情况

环境保护税法所附《环境保护税税目税额表》规定大气污染物每污染当量1.2~12元，水污染物每污染当量1.4~14元。环境保护税法第六条规定，应税大气污染物和水污染物的具体适用税额的确定和调整，由省（自治区、直辖市）人民政府统筹考虑本地区环境承载能力、污染物排放现状和经济社会生态发展目标要求，在规定的税额幅度内提出，报同级人民代表大会常务委员会决定，并报全国人民代表大会常务委员会和国务院备案。据此，地方政府在环保税法授权范围内，制定和发布了各地的具体税额标准（见表3-2）。

表3-2　　　　　　各省份环保税税额情况　　　单位：元/污染当量

省份	大气污染物适用税额	水污染物适用税额	相对排污费变化情况
北京	12	14	增加
天津	二氧化硫：6；氮氧化物：8；烟尘：6；一般性粉尘：6；其他：1.2	化学需氧量：7.5；氨氮：7.5；其他应税水污染物：1.4	平移

续表

省份	大气污染物适用税额	水污染物适用税额	相对排污费变化情况
河北	与北京相邻的13个县（市、区）和雄安新区及相邻的12个县（市、区）化学需氧量、氨氮和五项主要重金属：9.6；其他污染物：4.8	与北京相邻的13个县（市、区）和雄安新区及相邻的12个县（市、区）化学需氧量、氨氮和五项主要重金属：11.2；其他污染物：5.6	增加
	石家庄、保定、廊坊等化学需氧量、氨氮和五项主要重金属：6.0；其他污染物：4.8	石家庄、保定、廊坊和定州、辛集：7.0；其他污染物：5.6	
	唐山、秦皇岛、沧州等：4.8	唐山、秦皇岛、沧州、张家口、承德、衡水、邢台、邯郸：5.6	
上海	二氧化硫：6.65；氮氧化物：7.6；其他：1.2（2018年）；二氧化硫：7.6；氮氧化物：8.55（2019年起）	化学需氧量：5；氨氮：4.8；第一类水污染物：1.4；其他类水污染物：1.4	平移
山东	二氧化硫、氮氧化物：6.0；其他大气污染物：1.2	1.4；常规排放源排放的化学需氧量、氨氮、5项主要重金属及城乡污水集中处理场所超过国家和省规定的排放标准的：3.0	平移
河南	4.8	5.6	增加
江苏	南京：8.4	南京：8.4	增加
	无锡、常州、苏州、镇江：6	无锡、常州、苏州、镇江：7	
	徐州、南通、连云港、淮安、盐城、扬州、泰州、宿迁：4.8	徐州、南通、连云港、淮安、盐城、扬州、泰州、宿迁：5.6	

续表

省份	大气污染物适用税额	水污染物适用税额	相对排污费变化情况
重庆	2.4（2018~2020年） 3.5（2021年起）	3.0（2018~2020年） 3.0（2021年起）	增加
四川	3.9	2.8	增加
云南	1.2（2018年）； 2.8（2019年）	1.4（2018年）； 3.5（2019年）	平移
湖北	二氧化硫、氮氧化物：2.4； 其他大气污染物：1.2	化学需氧量、氨氮、总磷和五类重金属：2.8； 其他应税水污染物：1.4	平移
海南	2.4	2.8	增加
湖南	2.4	3	增加
贵州	2.4	2.8	增加
山西	1.8	2.1	增加
广西	1.8	2.8	增加
广东	1.8	2.8	增加
浙江	四类重金属污染物项目：1.8； 其他大气污染物：1.2	五类重金属污染物项目：1.8； 其他水污染物：1.4	平移
辽宁	1.2（2018~2019年）	1.4（2018~2019年）	平移
吉林	1.2	1.4	平移
黑龙江	1.2	1.4	平移
江西	1.2	1.4	平移
福建	1.2	化学需氧量、氨氮、五类重金属污染项目：1.5； 其他应税水污染物：1.4	平移
陕西	1.2（暂定3年）	1.4（暂定3年）	平移
新疆	1.2	1.4	平移
宁夏	1.2	1.4	平移
青海	1.2	1.4	平移

续表

省份	大气污染物适用税额	水污染物适用税额	相对排污费变化情况
内蒙古	1.2（2018年）； 1.8（2019年）； 2.4（2020年）	1.4（2018年）； 2.1（2019年）； 2.8（2020年）	增加
甘肃	1.2	1.4	平移
安徽	1.2	1.4	平移
西藏	1.2	1.4	平移

税额设定的主要特点如下：

（1）超过一半的省份平移原排污费征收标准。与原排污费征收标准相比，税率提高的省份包括北京、河北、江苏、河南、重庆、四川、海南、湖南、贵州、山西、广西、广东、内蒙古；税率平移排污收费标准的包括天津、上海、山东、云南、湖北、浙江、辽宁、吉林、黑龙江、江西、福建、陕西、新疆、宁夏、青海、甘肃、安徽、西藏。总体来看，约占42%的省份税额标准有所提高，58%的省份平移原排污费负担。北京、上海、山东税率水平居于前三位，其中，北京主要应税污染物按税法规定的最高上限确定税率标准。与此同时，浙江、辽宁、吉林、黑龙江、江西、福建、陕西、新疆、宁夏、青海、内蒙古、甘肃、安徽、西藏共14个省份的税率执行的是下限水平，其中，浙江对主要大气污染物和重金属水污染物适用税额1.8元，内蒙古拟于2020年提高到最低水平的2倍，可见，约40%的省份适用最低税负水平。

（2）部分省份制定差别化税率。部分省份对二氧化硫和氮氧化物等主要大气污染物，以及化学需氧量、氨氮和铅、汞、铬、镉、砷等五项重金属征收更高的环境保护税，天津、河北、上海、山东、湖北、浙江、福建还实施区域间差异化政策，以引导产业集聚发展。以河北为例，针对主要污染物，与北京相邻的13个县（市、区）、雄安新区及其相邻的12个县（市、区）执行税法最低标准的8倍税额，即大气主要污染物9.6元/污染当量，水主要污染物11.2元/当量，以更好地服务于以首都为核心的京津冀周边环境生态治理。石家庄、保定、廊坊地区执行税法最低标准的5倍税额，即大气主要污染物6元/当量，水主要污染物7元/当量，以体现承接疏解非首都功能和京津产业转移，着重打造高新技术和生产性服务业产业带，提升省会经济软实力的目标。其他 8 个市执行税法最低标准的 4 倍税额，即大气主要污染物 4.8 元/当量，水主要污染物 5.6 元/当量，以鼓励在秦皇岛、唐山、沧州三市构建沿海率先发展区，打造沿海临港产业带。

（3）个别省份规定分阶段提高税率。如云南规定 2019 年提高税率，重庆 2021 年提高税率，内蒙古分 3 年提高到最低标准的 2 倍；此外，陕西规定了税额的适用期限，规定暂定适用两年。

3.1.3　征收方法适用的基本情况

《中华人民共和国环境保护税法》对应税污染物排放量的确定方法，主要规定了三大类：实测法、系数法和物料衡算法、核定计算法。其中，实测法又包括在线监测和委托监测，这些方法须按顺序适用，即在线监测—委托监测—系数法或物料衡算法—核定计算法。核定计算法是在前几种方法不能适用的情况下最后采用的方法，环保税法规定应按照省、自治区、直辖市人民政府环境保护主管部门规定的抽样测算的方法核定计算。各省据此陆续发布了核定征收办法，主要适用于无法通过污染源自动监测、环境监测机构监测以及环保部《关于发布计算污染物排放量的排污系数和物料衡算方法的公告》规定的排污系数和物料衡算方法计算环境保护税应税污染物排放量的小型企业、第三产业、医院和工程施工企业等纳税人。部分省份还对核定征收的程序进行了规定，如海南省，对核定申请、核实情况、核定公示、核定送达、核定公布、重新核定等程序进行了规范。

环境保护税实施之初，税基确定中出现一些问题，《关于环境保护税有关问题的通知》（以下简称《通知》）进一步对几种方法的适用情况进行了明确。

（1）关于委托监测中大气污染物和水污染物排放量的监测数据采用问题：《通知》规定，纳税人委托监测机构对应税大气污染物和水污染物排放量进行监测时，其当月同一个排放口排放的同一种污染物有多个监测数据的，应税大气污染物按照监测数据的平均值计算应税污染物的排放量；

应税水污染物按照监测数据以流量为权的加权平均值计算应税污染物的排放量。在环境保护主管部门规定的监测时限内当月无监测数据的,可以跨月沿用最近一次的监测数据计算应税污染物排放量。纳入排污许可管理行业的纳税人,其应税污染物排放量的监测计算方法按照排污许可管理要求执行。

（2）关于系数法和物料衡算法的适用问题：《通知》规定,因排放污染物种类多等原因不具备监测条件的,纳税人应当按照《关于发布计算污染物排放量的排污系数和物料衡算方法的公告》的规定计算应税污染物排放量（该公告对纳入排污许可管理的火电等17个行业和未纳入排污许可管理的行业分别规定了污染物排放量计算方法）。

3.2 基本效应分析

3.2.1 收入效应

据2018年《中国环境年鉴》数据和国家税务总局数据显示,2017年的排污费入库规模为219.9亿元,[①] 2018年环保税收入共计205.6亿元。环境保护税从整体来看是从排污费平移过来,理论上不会对国家收入产生较大影响。但排污费为行政收费,由行政机关核定收费,可以说有很大弹性空间。从费到税,环保税具有法定意义上的强制性,具有刚性,税务机关必须联合环保机关依法进行征收,从而一定程度上削减了寻租的可能性,另外,部分地区征收标准进行了部分提高,为财政收入带来了增长空间。但还有其他减收因素的影响,由于环保税税收优惠政策的实施,甚至会带来减税福利。

2018年环保税收入共计205.6亿元。2017年度国家对于环境污染治理的投资为9 539亿元,[②] 环保税收入仅占该投资总额的2.2%,环保税收入与国家对环境保护和污染防治的支出相比微不足道。2018年全国税收收入

[①][②] 中国环境年鉴：2018 [M]. 北京：中国环境年鉴社, 2018.

为156 401亿元，环保税占税收总规模比重极小，可见，环保税的效应更多体现在其促进节能减排的调节功能方面。

3.2.2 绿色效应

征收环保税的主要目的并非为了取得税收收入用于环保支出，而是要通过税收法定的压力，倒逼高污染、高能耗企业转型升级。环保税的正向激励机制正促使纳税人加大对环保设施的资金投入和对环保技术的引进，并不断改进工艺流程，适应新税制，适应环保理念。

以2018年上半年为例，主要水污染物化学需氧量和氨氮，以及主要大气污染物二氧化硫和氮氧化物的申报排放量，与去年同期缴纳排污费单位的申报排放量相比均有下降。其中，京津冀地区因污染防治任务较重提高了环保税税额标准，倒逼企业加大治污力度、减少污染排放。京津冀地区纳税人申报主要大气污染物二氧化硫和氮氧化物排放量同比均下降较多。税务部门共对达标排放的城乡生活污水和生活垃圾集中处理场所依法免征环保税17亿元，通过对城乡生活污水集中处理场所实行达标排放免税政策，促进企业由过去直接向环境排放水污染物改为入城市管网排放，提高污水集中处理效率。通过落实对综合利用固体废物纳税人免税政策，促进了1 000多万吨固体废物的综合利用。对涉及民生的规模化畜禽养殖业实施污水综合利用不征税政策，规模化畜禽养殖业加大污水综合利用，应纳环保税较去年同期同口径排污费下降15.9%。

此外，很多企业自2018年以来，加大了环保方面的投入。以中原油田为例，2016年、2017年在环保设备方面的投入均为1 000万元；2018年、2019年投入翻番，均达到2 000万元。

第4章

石油石化行业污染物排放特征及环境保护税基本征缴情况

4.1 石油石化行业污染物排放情况

4.1.1 油气田企业污染源产生过程及污染情况

油气田企业在不同的工艺过程中,通常会涉及排放固体废弃物、废水、废气、噪音这四类污染物,污染物产生环节以及环境风险防范环节较多。具体情况如表4-1所示。

表4-1 油气田企业污染源产生过程及污染情况

项目	工艺过程	污染源	污染因子	污染源产生过程及污染情况
油田公司污染源	钻井过程中的污染源	固体废弃物污染	废弃泥浆	废弃泥浆主要是指钻井过程中无法使用或钻井完工后弃置于泥浆池中的泥浆,以及施工过程中由于各种原因溅落在井场的泥浆,其中含有大量石油类物质和碱。不同钻井过程中产生的废弃泥浆由于组分、种类、性质等的不同而产生不同的环境影响,其中深井泥浆和油基泥浆有毒有害物质含量高、用量大,对环境影响大,因此是泥浆治理工作的重点
			钻井岩屑	钻井过程中钻头破坏岩层形成岩屑,后通过泥浆循环带回地面,其中混杂的钻井液和石油类物质是造成环境污染的主要物质
			生活垃圾	钻井工人在钻井作业期间吃、住、用等活动全部在井场的附近,这样就会产生大量的生活垃圾,从而对周围环境产生一定的影响

续表

项目	工艺过程	污染源	污染因子	污染源产生过程及污染情况
油田公司污染源	钻井过程中的污染源	废水污染	废钻井液	主要产生在钻井和完井过程中，包括因部分性能不合格而被排放的钻井液、因不适于钻井工程和地质要求而被排放的钻井液、完井时井筒内被清水替出的钻井液、因钻井液循环系统跑冒滴漏而排出的钻井液、部分钻屑等。废钻井液对环境的影响与钻井液本身的组成成分关系很大。一般情况下，钻井井场都备有废钻井液储存池，容积大小和钻井深度有关，因而完井后都滞留有一定数量的废钻井液，回收率不高
			冲洗废水、机械废水及其他废水	冲洗钻台和钻具用水、冲洗振动筛用水、清洁设备用水等。机械废水，主要包括柴油机冷却水、钻井泵拉杆冲洗水、液压制动系统排出的刹车水等。其他废水，包括固井等大型作业产生的废水以及生活污水
		废气污染	钻井废气	钻井废气的主要来源是钻井施工过程中使用动力设备的燃料，会产生大量的烟气、烟尘等。这些废气的主要成分是氮氧化物、二氧化硫、一氧化碳和烟尘等
		噪声污染	气流噪声	气控钻机及快速放气阀工作时、发生井喷事故时的高速油柱推动空气等产生的噪声属气流噪声
			机械噪声	根据声源不同，可分为撞击性噪声和稳定震动噪声。起下钻具、下套管、跳钻时吊环与水龙头等撞击会产生撞击性噪声；柴油机、发电机、钻机、泥浆泵及其他各种机械设备运转过程中会产生震动噪声
		落地原油	落地原油	落地原油露天暴露时，其中的轻烃组会挥发进入大气环境，形成大气污染；原油渗入土壤会造成土壤环境的污染破坏；由于降雨等原因造成土油池泄漏或产生溢油时，若原油流入水体将造成水体污染
	井下作业过程中的污染源	废水	废水	井下作业过程的废水主要来源有以下几种情况： (1) 修井作业中使用后排放的含油循环水。 (2) 试油或修井作业过程中排放的无固相压井液和压井卤水。 (3) 洗井作业过程中排放的洗井废水。 (4) 从井口返排出的酸化残液及压裂废液
		废气	废气	施工过程中挥发的烃类气体和通井机、修井机、压裂车、酸化车等车辆产生的尾气等是井下作业产生的主要废气
		固废	固废	井下作业产生的固体废物主要包括废弃泥浆和生活垃圾等。井下作业中泥浆的主要用途是压井，其成分较为复杂，含有盐类、可溶性重金属、有机硫化物和磷化物等环境污染物
		噪声	噪声	噪声主要来源于通井机、修井机、压裂车、酸化车等施工车辆

续表

项目	工艺过程	污染源	污染因子	污染源产生过程及污染情况
油田公司污染源	采油过程中的污染源	采油污水	污水	采油污水大部分是采油厂排放的。在采油过程中,采油污水主要包括采出水和注水井洗井水两部分。采出水就是随原油和油田气一起从地下开采出来,然后经沉降和电化学脱水等工艺过程而分离出来的废水。采出水经污水处理站处理合格后,才能被注入油层。为了保障正常生产要洗去注水井附近岩层内由于注水而附着的许多杂质,以注水井定期进行洗井。但是由于井位分散,所以洗井水不容易集中收集处理,容易给环境带来污染
		采油固废	固废	采油固废主要是沉淀于储油罐、沉降罐等底部的含油污泥,即油泥砂和落地原油。 油泥砂的成分非常复杂,一般由水包油、油包水以及悬浮固体杂质组成,是一种极其稳定的悬浮乳状液体系。其中所含的油是造成环境污染的主要成分,一般可以分为可浮油、乳化油、溶解油等多种类型,所以油(泥)砂黏度比较大且难于脱水处理。 在采油生产过程中没有进入集输管线,而散落在地面的原油就是落地原油。产生落地原油主要有以下情况:进入土油池的自喷井投产前射孔替喷产生的大量落地原油;采油过程中管线、阀门等发生故障造成原油的跑、冒、滴、漏的情况;当管线泄漏或发生井喷等生产事故时等
		采油废气	废气	采油废气主要包括两部分,即来自燃料废气和工艺废气。 燃料废气主要是采油过程中加热炉、锅炉、高压蒸汽炉等燃烧大量燃料所产生的废气及烟尘。燃料废气的主要成分是二氧化碳、二氧化硫、氮氧化合物、一氧化碳和烟尘,进入大气后将污染大气环境。工艺废气主要来源于采油井场、联合站及油气集输系统轻烃的挥发,主要成分包括甲烷烃和非甲烷烃。其中非甲烷烃所占的比例较大,而且毒性较大,是油田大气有机污染的主要原因,对大气环境的影响很大。产生原因是开式流程油罐呼吸气的排放、产能建设不配套、油气分离不彻底、工艺流程密封性差等
		采油噪声	噪声	采油生产中使用许多大型机械设备,如大型注水泵组、通井机、压裂车、压风机等,产生较大的机械噪声,给长期工作生活在其附近的人带来一定的危害

续表

项目	工艺过程	污染源	污染因子	污染源产生过程及污染情况
油田公司污染源	采气过程中的污染源	废水	废水	主要为工业废水和生活污水，其中工业废水主要为油液（气）分离出的含油污水
		废气	废气	主要为加热炉燃烧天然气产生燃烧废气和无组织排放的烃类气体
		噪声	噪声	主要是污水处理系统产生的污泥和职工日常办公生活产生的生活垃圾
		固体废弃物	固废	主要是污水处理系统产生的污泥和职工日常办公生活产生的生活垃圾
	集输过程中的污染源	槽车和罐车污染	大气、固废	含烃气体外排及油品泄漏是公路槽车和铁路罐车在运输石油的过程中造成的主要环境污染。轻烃外排的发生过程是：槽车装油运输过程中，当温度升高或途遇颠簸时，部分轻烃将从原油或成品油中分离，贮集在槽车顶部；卸油后，该部分气体仍滞留在油罐中；下次装油时，顶部的轻烃气体将通过顶部加油孔逸散至大气之中。油品泄漏主要是在槽车发生运输事故时发生
		管道输送过程中的污染	大气、固废	管道运输是石油运输的重要方式，并且所占比例越来越大。无论地面管道、埋地管道还是海底管道，都存在着管道泄漏风险。管道泄漏是管道运输过程中主要潜在环境污染源
		石油贮存过程中的污染	大气、固废	石油主要贮存于油罐中，一座座油罐组成油库。石油自地下开采出来之后，先经集输系统进入各级油库暂时或较长时间地贮存，以保证适时适量地外销及供应炼化加工，调节市场需求，平衡原油供应。炼油厂加工原油、生产成品油以满足市场需求，也建有油库以贮存所生产的成品油。贮存过程中的主要环境污染源自油罐排放的含烃废气。原油及各种成品油进入储罐后，一定程度的轻烃挥发产生一定量的含烃废气，逸散到大气中，造成大气污染。另外，贮存过程中还会产生一定量的废水和固体废弃物，造成罐区附近的环境污染

续表

项目	工艺过程	污染源	污染因子	污染源产生过程及污染情况
油田公司污染源	炼油化工行业污染源	石油炼化污染	工业废水、废气、工艺废气、工业固体废物和噪声	石化行业污染物一般为各装置产生的废水（包括COD、氨氮、石油类、挥发酚、汞、铬等）；加热炉、初馏炉等产生的废气（包括烟尘、工业粉尘、二氧化硫、氮氧化物等），事故状态的放空火炬排放的燃烧废气；工业固体废物（包括危险废物即废催化剂、废脱硫剂、工业油泥等，以及一般固废），以及各机泵、压缩机等装置产生的噪声
		合成氨污染	工业废水、燃烧废气、工艺废气、工业固体废物和噪声	主要为工业废水、燃烧废气、工艺废气、工业固体废物和噪声。工业废水主要由合成氨装置一段转化炉、快装锅炉等产生的含氨污水、锅炉清净下水，废水中所含污染物主要为COD、BOD5、NH3-N、石油类、SS等；废气主要为各装置燃烧天然气产生的废气，主要污染物为二氧化硫和氮氧化物；工艺废气主要为合成氨装置二氧化碳再生塔产生的废空气和无组织废气氨，事故状态的放空火炬排放的燃烧废气。工业固废主要有催化剂、废触媒、废脱硫剂和废机油等
		尿素污染	工业废水、工艺废气、工业固体废物和噪声	主要为工业废水、工艺废气、工业固体废物和噪声。工业废水主要由尿素装置CO_2压缩机排液；工艺废气主要来源于合成氨装置、尿素装置排放的氨氮和尿素粉尘。工业固废主要为废机油、废尿素和包装废物等
		化学助剂污染	生产废水和燃料废气	化学助剂厂产生废物主要为生产废水和燃料废气。生产废水为化学主机厂合成池产生的一般工业废水先排放到污水池，采油助剂车间产生的污水、干燥合成和锅炉房产生的污水。污水通过管线，暗渠排入三级沉降池，进行回用，不外排。燃料废气主要为燃气锅炉和燃气热风炉产生废气，天然气为清洁能源，产生的污染物主要为氮氧化物、二氧化硫
	其他辅助单位污染源	各生产辅助单位运行时产生的污染	工业废水、废气、固体废物和噪声	辅助单位产生的污染主要包括各生产辅助单位运行时产生的污染，主要有油气生产技术部提供动力的单位如燃机电站等，产生的废气、废水、噪声和固体废物污染；行政事务部产生的生活垃圾、生活污水；矿区服务事业部产生的生活垃圾、医疗废物等；化学助剂厂产生的工业废水、工业固废等。以及其他有害成分，如酚、砷、汞、硫等

4.1.2 主要污染物及其来源

表4-2进一步总结了四类污染物的污染因子和主要来源。

表4-2　　　　油气田企业主要污染物来源及组成

项目	污染物类别	污染因子	污染来源及组成
油气田环境污染源主要污染物	油田开发废气	烃类气体	烃类气体为原油伴生气体，在原油开采、集输过程中很容易挥发和泄漏。主要产生于维修与事故放空、储罐呼吸、管线与设备挥发、落地原油挥发，烃类气体挥发的部位主要有油井、集油阀组间、转油站、联合站、油气管线等。烃类气体主要成分为C1~C5的甲烷烃、非甲烷烃、少量C6~C14的烷烃、不饱和烃，是油气开发建设过程中的特征大气污染物，排放方式主要为无组织挥发
		锅炉烟气	锅炉烟气主要来源于油气集输过程中的加热炉、掺水炉、加热缓冲装置和锅炉等。这些加热炉以伴生湿气或处理过的干气（主要是天然气）为燃料，排放的废气中的主要污染物为烟尘、SO_2、NO_x
		钻井废气	主要指钻井工序中柴油机、发电机等设备产生的柴油燃烧废气
		扬尘	项目施工期扬尘主要来自清理土地、推土、土方的运输、装卸等过程，以及施工设备与工作人员在施工场地内的行驶与走动
	油田开发废水	钻井机械冲洗废水	钻井过程中需要对钻井机械定期进行冲洗，产生的机械冲洗废水包括：冲洗钻井平台、钻具、振动筛、钻井泵的废水，泥浆罐定期清洗废水，冲洗钻井岩屑的废水等。冲洗废水直接排入泥浆池，调节泥浆粘度，循环使用，不排放。冲洗废水中含钻井液高倍稀释后的产物与油类物质，组成有以下几个特征：偏碱性；悬浮物含量高；有机、无机污染物含量高，主要有CMC、PAM、SMC、磺化酚醛树脂等
		洗井污水	洗井污水主要来自井下作业及注水井的定期洗井。洗井水主要携带了井底的污染物，含有大量石油类、悬浮物、泥砂、盐、碱、有机物和一些重金属离子等，色度较深，一般呈黑褐色。一般洗井的周期为半年一次，洗井水在洗井车内密闭循环洗井，洗井后废水由罐车拉运到联合站，处理后回注

续表

项目	污染物类别	污染因子	污染来源及组成
油气田环境污染源主要污染物	油田开发废水	作业废水	油井维护作业是油田开发的重要污染环节之一。作业污水产生量与作业频率密切相关，污染主要来自卸井口、油管起下过程，井底污油、污水、废液的返排、冒溢、滴漏等。作业产生的污水全部由井口溢流回收装置和作业污水收装置进行回收，然后返回油气集输系统，最终进入联合站处理，不排放
		含油污水	采油和油气集输阶段产生的含油污水主要来自脱水站，由于这部分含油污水是随着原油从地层开采出来的，废水中不仅携带有原油，而且在高温高压的地层中还溶入了大量的盐类和气体，具有较高的矿化度。另外，由于在原油脱水过程中，需要加入各种化学添加剂进行破乳、脱蜡等，废水中还含有大量的高分子有机物质。正常情况下，油田的含油污水经处理后全部回注地下，不外排，不会对地表水环境、土壤环境和地下水环境造成一定影响
	油田开发固体废物	废钻井液	废钻井液主要来自钻井完成后泥浆池的残余泥浆，废钻井液是钻井过程中产生的一种液态细腻胶状物，失水后变成固态物。主要成分是黏土、CMC（羧甲基纤维素）、重晶石和少量烧碱等。 钻井过程中，各单井废弃的钻井液部分回收利用，其余大部分被清运到指定地点集中固化，不能清运的全部封存在各钻井井场的废钻井液池中，进行固化处理
		钻井岩屑	钻井岩屑是钻头破碎岩层产生的。一般情况下，钻屑中含低于0.2%的石油，15%的普通无机物[KCCB、Ca(OH)$_2$、Na$_2$CO$_3$]和37%的加重剂。由于一些钻屑来自于地下深层岩石，可能含有有毒有害的特殊重金属。岩屑与废钻井液一同进入泥浆池，最后集中固化或就地固化
		落地原油	落地原油主要污染物是石油类和泥浆杂质，油井产生落地原油量与单井产量和作业频率密切相关，现油田落地原油都进行100%回收，不会对环境产生污染
		油泥油砂	采油及油气集输过程中排放的固体废物主要为含油固废。含油固废主要来自油罐、污水沉降罐、三相分离器、游离水脱除器、污油回收池等装置定期清出的油砂和污水处理厂产生的污泥。含油固废中主要污染物为石油类以及其他有害成分，如酚、砷、汞、硫等

续表

项目	污染物类别	污染因子	污染来源及组成
油气田环境污染源主要污染物	油田开发噪声	钻井噪声	钻井、压裂、酸化、修井等作业噪声的特点是影响时间较短，声级较高，其中钻井过程中会用到一些高噪声的机械设备，如钻井用大型柴油机，其噪声源强可达90105dB（A）
		设备噪声	转油站、计量间等集输系统的设备噪声，发声设备有各种泵、电机、风机、空压机、抽油机、加热炉和排气放空口等
		施工噪声	油田施工期间噪声主要来自施工时使用的推土机、压路机以及施工现场的运输车辆等。根据有关文献资料及以往的类比调查，推土机、压路机、运输车辆的噪声值约为8590dB（A）、7686dB（A）、8085dB（A）

4.1.3 主要污染物排放情况

根据《中国环境统计年报（2015）》的数据，2015年全国工业废水中石油类排放量1.5万吨，比2014年减少6.5%。对比其他工业废水中的重金属及污染物，石油类排放量是最主要的来源。工业废水中石油类排放量大于700吨的省份有7个，依次为内蒙古、河北、江苏、湖北、河南、山西和甘肃。7个省份的工业废水石油类排放量为6 552.2吨，占全国工业废水石油类排放量的43.7%。

在调查统计的41个工业行业中，氨氮排放量位于前4位的行业依次为化学原料和化学制品制造业，农副食品加工业，石油加工、炼焦和核燃料加工业，纺织业（见图4-1）。4个行业的氨氮排放量10.5万吨，占重点调查工业企业排放总量的53.6%。石油加工、炼焦和核燃料加工业氨氮排放量排名前5位的省份依次是新疆、甘肃、辽宁、山西、黑龙江。5个省份石油加工、炼焦和核燃料加工业氨氮排放量为0.6万吨，占该行业重点调查工业企业氨氮排放量的65.5%。

第4章 石油石化行业污染物排放特征及环境保护税基本征缴情况

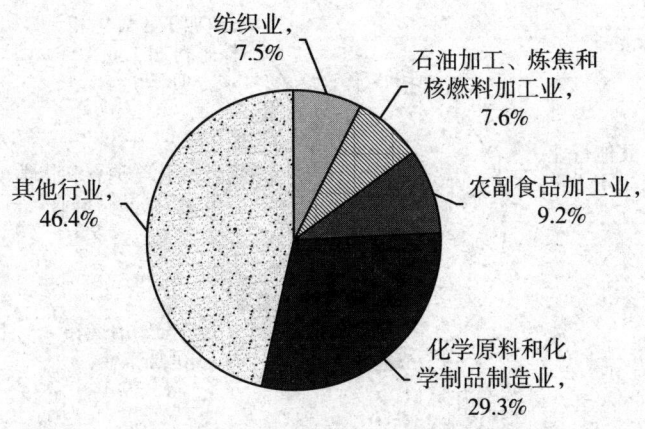

图 4-1 2015 年工业行业氨氮排放情况

石油类排放量位于前 4 位的行业依次是石油加工、炼焦和核燃料加工业，化学原料和化学制品制造业，黑色金属冶炼和压延加工业，煤炭开采和洗选业（见图 4-2）。4 个行业石油类排放量为 8 418.8 吨，占重点调查工业企业石油类排放量的 56.1%。石油加工、炼焦和核燃料加工业石油类排放量前 5 位的省份依次是甘肃、内蒙古、陕西、河南和河北。5 个省份石油加工、炼焦和核燃料加工业石油类排放量为 1 774.0 吨，占该行业重点调查工业企业石油类排放量的 64.8%。化学原料和化学制品制造业石油类排放量前 5 位的省份依次是陕西、湖南、湖北、河北和江苏。5 个省份化学原料和化学制品制造业石油类排放量为 834.7 吨，占该行业重点调查工业企业石油类排放量的 40.0%。黑色金属冶炼和压延加工业石油类排放量前 5 位的省份依次是河北、江西、新疆、云南和江苏。5 个省份黑色金属冶炼和压延加工业石油类排放量为 1 023.9 吨，占该行业重点调查工业企业石油类排放量的 55.3%。煤炭开采和洗选业石油类排放量前 5 位的省份依次是贵州、山西、安徽、四川和河南。5 个省份煤炭开采和洗选业石油类排放量为 912.9 吨，占该行业重点调查工业企业石油类排放量的 52.3%。

挥发酚排放量最大的行业为石油加工、炼焦和核燃料加工业，挥发酚排放量为 790.8 吨，占重点调查工业企业挥发酚排放量的 81.3%；其次为化学原料和化学制品制造业，挥发酚排放量为 85.0 吨，占重点调查工业企

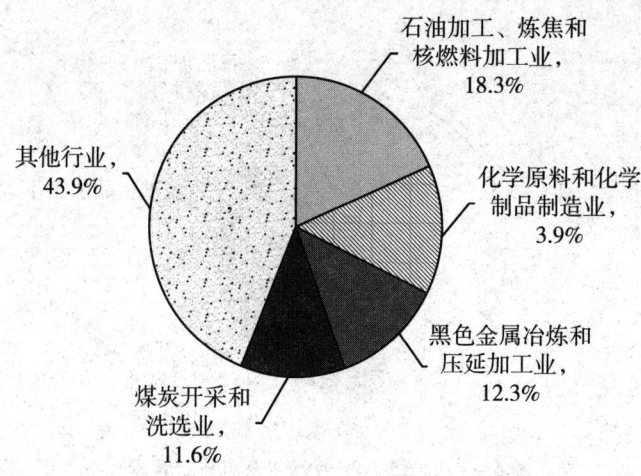

图4-2 2015年工业行业石油类污染物排放情况

业挥发酚排放量的8.7%(见图4-3)。石油加工、炼焦和核燃料加工业挥发酚排放量较大的省份为山西和内蒙古,其中山西石油加工、炼焦和核燃料加工业挥发酚排放量为384.7吨,内蒙古为146.2吨,分别占该行业重点调查工业企业挥发酚排放量的48.6%和18.5%。

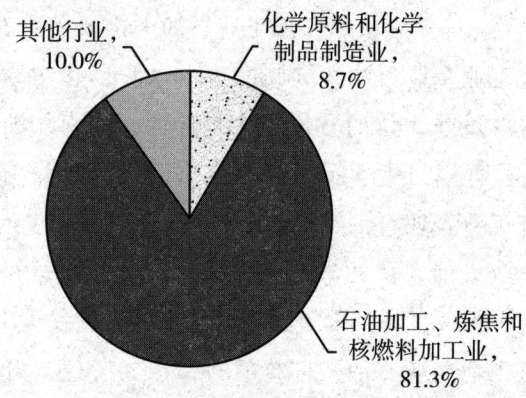

图4-3 2015年工业行业挥发酚排放情况

氰化物排放量位于前4位的行业依次为石油加工炼焦和核燃料加工业,化学原料和化学制品制造业,黑色金属冶炼和压延加工业,金属制品业(见图4-4)。4个行业石油类排放量为133.8吨,占该行业重点调查工业企业氰化物排放量的91.5%。石油加工、炼焦和核燃料加工业氰化物排放量前5位的省份依次为山西、河北、内蒙古、河南和陕西。这5个省份石油加工、炼焦和核燃料加工业氰化物排放量为45.5吨,占该行业重点调查工业企业氰化物排放量的78.3%。

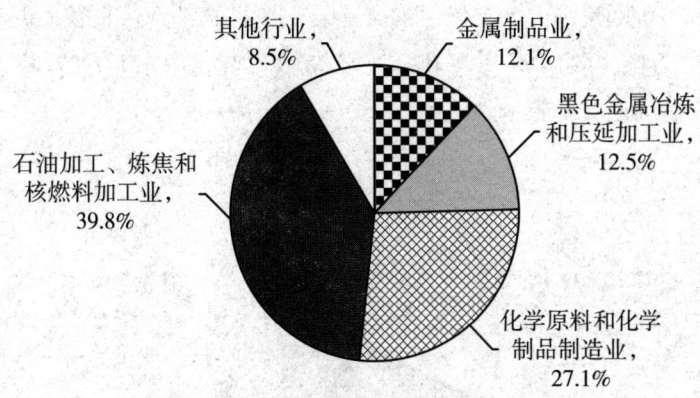

图4-4 2015年工业行业氰化物排放情况

一般工业固体废物产生量超过1亿吨的行业依次为黑色金属矿采选业6.1亿吨,电力、热力生产和供应业6.0亿吨,黑色金属冶炼和压延加工业4.3亿吨,煤炭开采和洗选业3.9亿吨,有色金属矿采选业3.8亿吨,化学原料和化学制品制造业3.3亿吨,有色金属冶炼和压延加工业1.3亿吨,分别占重点调查工业企业固体废物产生量的19.5%、19.2%、13.7%、12.6%、12.4%、10.6%和4.2%,7个行业合计92.2%(见图4-5)。

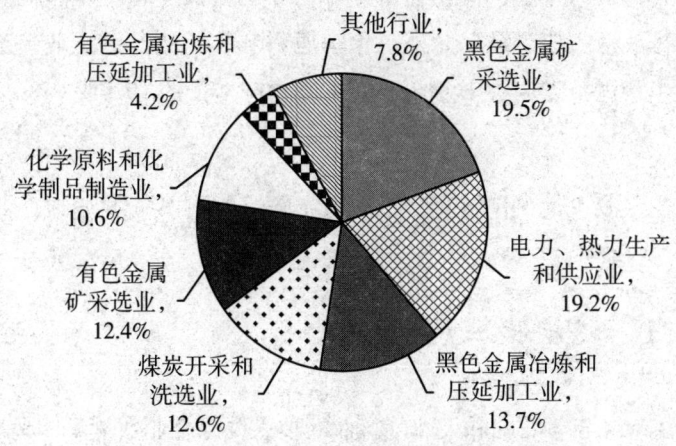

图4-5 2015年一般固体废物产生量行业构成

工业危险废物中，产生量较大的为：废碱623.0万吨，占15.7%；废酸571.2万吨，占14.4%；石棉废物549.2万吨，占13.8%；有色金属冶炼废物388.9万吨，占9.8%；无机氰化物废物355.5万吨，占8.9%；废矿物油213.0万吨，占5.4%（见图4-6）。废矿物油产生量较大的省份为：新疆80.1万吨、陕西27.1万吨、辽宁25.0万吨、山东17.1万吨，4个省合计占废矿物油产生量的70.1%。

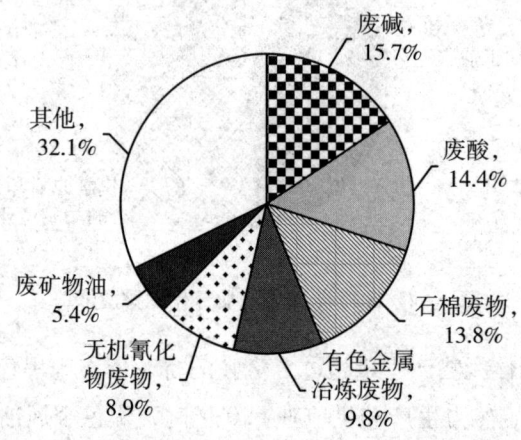

图4-6 2015年工业危险废物产生种类构成

石油石化行业包括石油加工、化学原料和化学品制造业。通过上述数据可以看出，工业废水中石油类排放量大，石油石化行业在氨氮排放、石油类排放、挥发酚排放、氰化物排放等污染物排放中占比也较高，其中又以挥发酚排放量占比最高。此外，化学原料和化学制品制造业一般工业固体废物产生量占重点调查工业企业固体废物产生量的10.6%。

4.2 油气行业税收整体概况分析

4.2.1 税收收入总额[①]

2011~2016年，石油和天然气行业的重点税源企业数量整体呈现下降趋

---

① 税收数据均来源于《中国税务年鉴》。

势，其所纳税收总额在 2011~2013 年逐步增加，峰值达到 2 175 亿元。从 2014 年起纳税总额减少，与石油行业企业利润变化一致，2015 年、2016 年分别同比减少 40.6% 和 38.1%，2016 年上缴税收仅 629 亿元（见表 4-3）。

表 4-3　　　　　2011~2016 年石油和天然气开采业
全国重点税源企业税收情况

年份	企业户数	税收（万元）	比上年增长率（%）
2011	272	19 980 912	47
2012	164	20 188 381	12.2
2013	176	21 754 352	3.2
2014	172	21 440 128	-5.2
2015	189	12 665 232	-40.6
2016	198	6 286 202	-38.1

资料来源：国研网数据库。

1. 分税种税收收入

从税收收入的税种构成分析来看，石油和天然气开采业税收收入的主要组成部分为增值税、企业所得税以及其他税种（主要为资源税）。其中，2014~2016 年间增值税收入占比为 45.66%、45.97% 和 55.56%，接近税收总额的一半；2014 年、2015 年内资企业所得税的占比为 18.42%、13.26%，外资企业所得税占比为 10.69%、9.12%，外资企业所得税占税收总额比例低于内资企业所得税比例；其他各税种所占比例由 2014 年的 17.97% 增长到 2016 年的 30.49%（见表 4-4）。

表 4-4　　　　　2014~2016 年全国石油和天然气开采业
分税种收入情况

税种	2014 年 税额（万元）	2014 年 占比（%）	2015 年 税额（万元）	2015 年 占比（%）	2015 年 增长率（%）	2016 年 税额（万元）	2016 年 占比（%）	2016 年 增长率（%）
税收收入	23 155 544	100.00	12 859 585	100.00	-44.46	6 626 267	100.00	-48.47
国内增值税	10 573 550	45.66	5 911 919	45.97	-44.09	3 681 511	55.56	-37.73
国内消费税	93 162	0.40	7 943	0.06	-91.47	87 725	1.32	1 004.43

续表

税种	2014年 税额(万元)	占比(%)	2015年 税额(万元)	占比(%)	增长率(%)	2016年 税额(万元)	占比(%)	增长率(%)
营业税	86 900	0.38	84 933	0.66	-2.26	44 778	0.68	-47.28
内资企业所得税	4 266 252	18.42	1 704 779	13.26	-60.04	-756 229	-11.41	-144.36
外资企业所得税	2 475 083	10.69	1 172 820	9.12	-52.61	719 398	10.86	-38.66
个人所得税	369 934	1.60	307 660	2.39	-16.83	221 613	3.34	-27.97
城市维护建设税	640 469	2.77	352 820	2.74	-44.91	223 047	3.37	-36.78
房产税	42 060	0.18	56 415	0.44	34.13	38 888	0.59	-31.07
印花税	39 718	0.17	33 281	0.26	-16.21	22 294	0.34	-33.01
城镇土地使用税	132 638	0.57	142 355	1.11	7.33	185 688	2.80	30.44
土地增值税	1711	0.01	429	0.00	-74.93	44	0.00	-89.74
车辆购置税	6 522	0.03	7 614	0.06	16.74	6 783	0.10	-10.91
车船税	2 683	0.01	2 421	0.02	-9.77	1 667	0.03	-31.14
耕地占用税	258 948	1.12	107 950	0.84	-58.31	127 339	1.92	17.96
契税	4 185	0.02	4 303	0.03	2.82	1 158	0.02	-73.09
其他各税	4 161 729	17.97	2 890 448	22.48	-30.55	2 020 563	30.49	-30.10

从各税种的变动趋势看，增值税、其他税种的增减变动幅度与税收总额的变动幅度接近，企业所得税的变动幅度显著高出税收总额的变动幅度。受石油产量降低、营业成本较高等行业经济变动的影响，2014~2016年企业利润减少、亏损企业增多，故税收总额、增值税、企业所得税额都随之减少。

2. 分地区税收收入

分地区看，与石油产量的分布类似，全国石油和天然气开采业中缴纳税收较多的省份为黑龙江、天津、陕西、新疆、山东五地。其中2014年、2015年黑龙江缴纳税收最多,占比高于20%;2016年天津缴纳税收最多,占比达21.58%。在行业经济趋势下行的背景下,绝大部分省份所缴税额逐年减少,其中北京税收收入在2015年、2016年均形成负值,而广东表现出强劲的增长趋势,由2014年的2.86%增长为2016年的7.80%(见表4-5)。

表4-5 2014~2016年全国石油和天然气开采业分地区收入情况

省份	2014年 税额(万元)	2014年 占比(%)	2015年 税额(万元)	2015年 占比(%)	2016年 税额(万元)	2016年 占比(%)
合计	23 155 544	100.00	12 859 585	100.00	6 626 267	100.00
北京	210 832	0.91	-175 726	-1.37	-1 031 057	-15.56
天津	3 462 979	14.96	1 740 784	13.54	1 429 809	21.58
河北	554 506	2.39	216 556	1.68	116 972	1.77
山西	45 113	0.19	66 400	0.52	55 720	0.84
内蒙古	576 835	2.49	411 027	3.20	188 332	2.84
辽宁	737 974	3.19	274 412	2.13	250 368	3.78
大连	0	0.00	0	0.00	0	0.00
吉林	488 645	2.11	262 548	2.04	157 302	2.37
黑龙江	6 001 525	25.92	2 917 723	22.69	1 046 299	15.79
上海	23 396	0.10	10 693	0.08	36 337	0.55
江苏	171 963	0.74	100 787	0.78	16 596	0.25
浙江	62	0.00	1 891	0.01	1 162	0.02
宁波	153	0.00	61	0.00	290	0.00
安徽	6 430	0.03	4 605	0.04	860	0.01
福建	1 399	0.01	1 272	0.01	828	0.01
厦门	0	0.00	7	0.00	0	0.00
江西	0	0.00	9	0.00	34	0.00
山东	2 507 825	10.83	927 269	7.21	495 166	7.47

续表

省份	2014 年 税额（万元）	2014 年 占比（%）	2015 年 税额（万元）	2015 年 占比（%）	2016 年 税额（万元）	2016 年 占比（%）
青岛	1 647	0.01	2 360	0.02	552	0.01
河南	384 847	1.66	319 611	2.49	218 998	3.30
湖北	85 594	0.37	58 789	0.46	77 529	1.17
湖南	435	0.00	722	0.01	286	0.00
广东	661 579	2.86	644 987	5.02	517 012	7.80
深圳	31 906	0.14	28 969	0.23	27 310	0.41
广西	1 580	0.01	1 251	0.01	618	0.01
海南	30 404	0.13	13 391	0.10	6 080	0.09
重庆	142 516	0.62	163 455	1.27	168 317	2.54
四川	295 091	1.27	379 473	2.95	374 240	5.65
贵州	258	0.00	653	0.01	424	0.01
云南	186	0.00	175	0.00	321	0.00
西藏	0	0.00	2	0.00	3	0.00
陕西	2 971 076	12.83	1 966 549	15.29	898 514	13.56
甘肃	536 846	2.32	433 443	3.37	255 485	3.86
青海	232 952	1.01	149 651	1.16	95 330	1.44
宁夏	134 958	0.58	106 421	0.83	36 978	0.56
新疆	2 854 032	12.33	1 813 173	14.10	1 183 252	17.86

4.2.2 企业所得税税收收入

基于企业销售量、利润与增值税、企业所得税的关联关系，企业所得税的分地区情况与税收总收入的分地区情况相同，同样主要由天津、黑龙江、陕西、山东、新疆五省份缴纳的增值税构成，且都逐渐减少（见表 4-6）。

表4-6　　2014~2016年全国石油和天然气开采业企业
所得税分地区收入情况

省份	2014年 税额(万元)	占比(%)	2015年 税额(万元)	占比(%)	2016年 税额(万元)	占比(%)
合计	6 741 335	100.00	2 877 599	100.00	-36 831	100.00
北京	180 076	2.67	-213 020	-7.40	-1 065 304	2 892.41
天津	2 299 180	34.11	971 410	33.76	658 767	-1 788.62
河北	79 706	1.18	1 080	0.04	667	-1.81
山西	9 767	0.14	19 383	0.67	9 869	-26.80
内蒙古	4 500	0.07	6 136	0.21	402	-1.09
辽宁	75 637	1.12	-48 926	-1.70	28 920	-78.52
大连	0	0.00	0	0.00	0	0.00
吉林	54 071	0.80	7 645	0.27	-891	2.42
黑龙江	2 265 561	33.61	1 422 614	49.44	110 755	-300.71
上海	3 055	0.05	-147	-0.01	650	-1.76
江苏	10 273	0.15	-6 439	-0.22	0	0.00
浙江	0	0.00	256	0.01	218	-0.59
宁波	0	0.00	0	0.00	0	0.00
安徽	1 176	0.02	201	0.01	0	0.00
福建	0	0.00	0	0.00	0	0.00
厦门	0	0.00	0	0.00	0	0.00
江西	0	0.00	0	0.00	0	0.00
山东	473 213	7.02	32 644	1.13	-2 081	5.65
青岛	0	0.00	0	0.00	0	0.00
河南	13 935	0.21	14 507	0.50	2 375	-6.45
湖北	98	0.00	500	0.02	332	-0.90
湖南	401	0.01	176	0.01	134	-0.36
广东	116 490	1.73	114 455	3.98	41 391	-112.38
深圳	2 518	0.04	585	0.02	971	-2.64
广西	0	0.00	0	0.00	0	0.00
海南	11 037	0.16	2 125	0.07	-1 726	4.69
重庆	1 108	0.02	28 318	0.98	41 824	-113.56
四川	38 121	0.57	65 158	2.26	65 748	-178.51
贵州	0	0.00	83	0.00	1	0.00

续表

省份	2014 年 税额(万元)	占比(%)	2015 年 税额(万元)	占比(%)	2016 年 税额(万元)	占比(%)
云南	0	0.00	2	0.00	164	-0.45
西藏	0	0.00	0	0.00	0	0.00
陕西	620 077	9.20	222 394	7.73	21 757	-59.07
甘肃	317	0.00	116	0.00	209	-0.57
青海	59 706	0.89	25 462	0.88	9 569	-25.98
宁夏	62	0.00	324	0.01	241	-0.65
新疆	421 250	6.25	203 010	7.05	38 207	-103.74

4.2.3 增值税税收收入

2014~2016 年，国有企业、股份公司、港澳台商投资企业贡献了大部分的增值税收入，三者所纳增值税额高于增值税总额的 95%。三者的构成有所变化，其中国有企业缴纳增值税占比由 12.1% 增长到 13.1%，股份公司缴纳增值税占比由 78.4% 减少至 60.6%，港澳台商投资企业由 7.3% 增长到 20.1%（见图 4-7）。

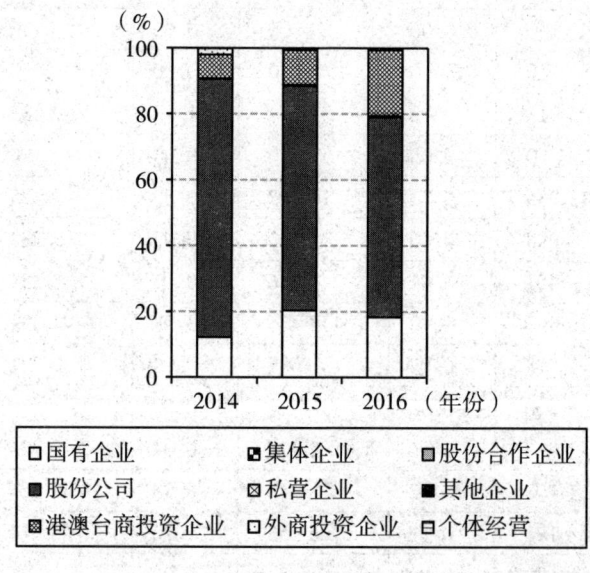

图 4-7 全国石油和天然气行业分企业组织形式的增值税收入情况

4.2.4 油气行业税收收入特征

综上分析,我国石油和天然气开采业的税收收入具有以下特征:一是随着行业经济态势下行,重点税源企业数量减少,税收收入总额下降,与大环境呈现一致趋势;二是增值税、企业所得税和资源税是油气行业税收的主要组成部分,其中增值税占比接近一半,外资企业企业所得税占比低于内资企业所得税占比,资源税占比逐年增加;三是税收总额、企业所得税的分地区情况与石油产量的分地区情况趋于一致,天津、黑龙江、山东、陕西、新疆五省份贡献了超70%的税收;四是国有企业、股份有限公司和港澳台商投资企业是增值税的主要贡献者,其中国有企业和港澳台商投资企业所纳增值税占比逐年增加,股份有限公司所纳增值税占比逐年减少。

4.3 环境保护税基本征缴情况

限于石油石化行业环保税缴纳相关数据未能取得,本部分仅根据调研取得的样本数据对石化行业环保税征缴基本情况做简单分析。

4.3.1 以某油田为例

某油田 2018 年环保税缴纳情况见表 4-7、表 4-8。

表 4-7　　　　　　2018 年某油田环保税缴纳汇总　　　　　　单位:万元

类别	一季度	二季度	三季度	四季度	共计
应缴纳	248.20	241.25	248.49	249.53	987
减免	69.81	79.13	87.79	81.79	319
实际缴纳	159.41	162.11	160.70	167.40	669

表4–8　　某油田环保税分污染物类型缴纳情况　　单位：万元

类别	油田老区	共计
大气污染物	80.30	418.89
水污染物	1.38	1.49
噪声	248.50	248.58
2018年环保税	330.17	669
2017年排污费	473.00	1 043

该油田2018年应缴纳环保税987万元，实际缴纳669万元，减免319万元，减免额占应纳税额比例为32.3%。从污染物类型来看，大气污染物环保税占实际缴纳环保税总额的62.6%，水污染物环保税占实际缴纳环保税总额的0.2%，噪声环保税占实际缴纳环保税总额的37.16%，固体废物零申报。

在废水方面，该油田老区的工业废水不外排，循环利用，不在征收范围之内。生活污水排放到污水处理厂，因此直接排放量很小。

废气排放环保税占比最大，主要排放的污染物是二氧化硫，氮氧化物，根据当地要求，4吨以上必须与环保部门联网，4吨以下的数量占比60%左右，但其排放总量占比较少。

除了废气以外，噪音也是该油田环保税主要贡献源，噪声来源有三部分，即钻井、修井以及增压泵。其中钻井、修井的噪声属于流动污染源排放应税污染物，根据《中华人民共和国环境保护税法》第十二条规定：机动车、铁路机车、非道路移动机械、船舶和航空器等流动污染源排放应税污染物的，暂予免征环境保护税。

在固体废弃物方面，该油田零申报。生活垃圾交由地方处理，工业垃圾（含油泥）委托第三方处理。

费改税后，2018年环保税与2017年排污费相比，少缴纳374万元，原因主要与环保税的减免税政策有关，包括：

第一，根据《中华人民共和国环境保护税法》第十三条：纳税人排放应税大气污染物或者水污染物的浓度值低于国家和地方规定的污染物排放标准百分之三十的，减按百分之七十五征收环境保护税。纳税人排放应税大气污染物或者水污染物的浓度值低于国家和地方规定的污染物排放标准百分之五十的,减按百分之五十征收环境保护税。

第二,噪声污染(钻井和修井两部分噪声免征),《中华人民共和国环境保护税法》第十二条:机动车、铁路机车、非道路移动机械、船舶和航空器等流动污染源排放应税污染物的,暂予免征环境保护税。

4.3.2 以某石化企业为例

某石化企业 2018 年环保税缴纳情况见表 4-9 至表 4-11。

表 4-9　2017~2018 年某石化企业环境保护税缴纳总额　单位:亿元

类别	2017 年	2018 年
应缴纳	5.01	3.05
减免	0.32	0.49
实际缴纳	4.69	2.56

表 4-10　2018 年某石化企业环保税分污染物类型缴纳情况　单位:亿元

类别	应缴纳(亿元)	减免(亿元)	实际缴纳(亿元)
大气污染物	2.37	0.21	2.16
水污染物	0.36	0.09	0.27
固体废物	0.2	0.17	0.03
噪声	0.12	0.01	0.11

表 4-11　2018 年某石化企业环保税分板块缴纳情况　单位:亿元

污染物类别		油田企业	炼化企业	销售企业	专业公司及研究院
大气污染物	应缴纳	0.38	1.97	0.0041	0.015433
	减免	0.02	0.19	0.000001	0.000156
	实际缴纳	0.36	1.78	0.004099	0.015277
水污染物	应缴纳	0.011	0.33	0.005	0.008
	减免	0.001	0.1	0.001	0
	实际缴纳	0.01	0.23	0.004	0.008

续表

污染物类别		油田企业	炼化企业	销售企业	专业公司及研究院
固体废物	应缴纳	0.008	0.18	7.5E-06	0.01
	减免	0	0.16	0	0.008
	实际缴纳	0.008	0.02	7.5E-06	0.002
噪声	应缴纳	0.11	0.0075		0.000605
	减免	0.01	0		0
	实际缴纳	0.1	0.0075		0.000605

该石化企业2018年应缴纳环保税3.05亿元，实际缴纳2.56亿元，减免0.49亿元，减免额占应纳税额比例为16%。从污染物类型来看，大气污染物环保税约占实际缴纳环保税总额的84.37%，水污染物环保税约占实际缴纳环保税总额的10.54%，噪声环保税约占实际缴纳环保税总额的4.68%，固体废物环保税约占实际缴纳环保税总额的1.16%。

该石化企业的大气污染物、水污染物和固体废物的环保税缴纳主要集中在炼化企业，而噪声的环保税主要来自油田企业。

2017年该石化企业实际缴纳排污费4.69亿元。2018年实际缴纳环保税较2017年排污费减少2.13亿元，主要原因是：

第一，挥发性有机物不征收环保税。该石化企业费该税前，需缴纳挥发性有机物排污费。

第二，污染物排放量确定方式的改变，原排污费排放量的核定大多是地方环保部门采用物料衡算法或排污系数法确定，现政策规定多是采用在线监测或第三方监测数据，极少采用物料衡算法或排污系数法确定，从实际情况来看，采用物料衡算法或排污系数法确定的排放量远远大于监测数据。

第三，环保治理项目的投入和升级改造使排放水平显著降低。

第四，目前无组织排放，没有国家和地方排放标准，基本未缴纳环保税。

第 5 章

环境保护税实施中存在的问题分析及优化建议

5.1 环境保护税实施中存在的问题分析

5.1.1 计税方式复杂，准确性难以保证

根据《中华人民共和国环境保护税法》（以下简称《环境保护税法》）规定，企业按顺序适用在线监测法、监督机构监测法、物料衡算和系数法、抽样测算法。对于企业来讲，原来征收排污费的时候基本属于核定征收，征收环保税后需要自主计量、自主申报，纳税风险留在企业，企业面临稽查风险加大。而污染物监测需要专业能力，物料估算和系数法对于大多数负责企业税收工作的财务人员来说也非常陌生，纳税人准确对污染排放情况进行计量，从而准确完成纳税申报存在一定的困难。

5.1.2 申报信息繁杂且实操中问题较多，不符合效率原则

大气污染物和水污染物规定每个排放口按前三项或前五项征税，对于排污口较多的企业，意味着需要填报数百条甚至数千条的应税污染物信息，申报信息繁杂，企业申报过程中，也存在诸多问题，包括：一是网页

打开较慢，数据常出现卡机，税务局后台系统功能不稳，经常出现服务器自动断开现象。申报模板不稳定，数据经常无法上传。二是数据导入问题，固体废物和噪声申报没有导入和保存功能；大气和水污染物按月计算表有批导入功能，但是"征收子目"没有导入功能；采用物料衡算方法计算的污染物明细表不能通过模板批量导入。三是申报表也存在一些问题，如不能按月或按类别查询，不能导出 Excel 表格；只有主表有合计数，其余5张附表无合计数，影响数据的核对；固体废物申报表只考虑了当月的进出，未考虑历史库存，影响排放量的计算，固体废物基础信息采集表不能按照企业实际情况更改信息，导致基础信息与实际不符。

而环保税本身从税款数量角度，在企业税款支出中占比很小，纳税申报信息复杂以及实操中存在的一些细节问题都使遵从成本加大，不符合税收的征管效率原则。

5.1.3 污染因子与排放当量有待进一步优化

环境保护税法所附《应税污染物和当量值表》沿用了排污收费制度的污染物及当量值，而这些污染物及当量值制定于20世纪90年代中期，2003年排污费改革的时候正式使用。二十多年来，污染物排放情况、治理情况都发生了很多变化，一些对环境和人体危害较大的污染物因未列入《应税污染物和当量值表》而不能征税，使排放主要污染物不同的企业可能出现政策调节不公平的情况。如生活垃圾处理排放的二噁英等未列入应税污染物范围。此外，污染物当量值的大小是直接影响税负高低的一个重要因素，多年未调整，也会对公平原则及环保税实施效果产生影响。

5.1.4 只针对城乡污水处理厂的直接免税政策不利于体现公平与效率原则

《环境保护税法》第十二条第三款规定，依法设立的城乡污水集中处理、生活垃圾集中处理场所排放应税污染物，不超过国家和地方规定的排放标准的暂予免征环境保护税。可见，由于大部分的污水通过污水处理厂间接排放，对应税水污染物征收的环保税实际上主要对企业工业废水的直接排放征收，征税面极小。随着税收管理工作"放管服"的推进，在税务部门难以及时取得污水处理厂违规排放信息的情况下，与达标排放挂钩的直接免税政策不利于发挥促进污水处理厂减少污染物排放的作用，污水处理厂超标排放甚至偷排行为仍然严重，总体来看，对达标排放的污水处理厂实行的免税政策导致应税水污染物征税面小，与此同时，对企业自建自用污水处理厂兼顾为社会公众提供生活污水处理服务的情形仍然征收环保税，有违税收公平原则，也不利于激励污水处理厂积极减排。

5.1.5 纳税人在政策理解和适用方面还存在困难，可能导致多缴税或者少缴税

环保税实施过程中，由于政策理解的原因导致纳税风险加大。环保税实施时间段，技术性强，与一般税种征收方法差别较大，专业人士也相对缺乏，纳税人限于自己对政策的了解、认知以及获取信息的局限性，容易出现理解不到位的情况，从而导致多缴或者少缴税款。

例如，对于排污许可证列明的污染因子，但不属于环保税法中应税大气污染物的税目，是否需要纳税，纳税人存在困惑。石化企业中，还有排污口排放大气污染物前三项污染因子中不属于排污许可证列明的污染因子的情形，纳税人对于其应否纳税存在不同理解。

从纳税人对于这些理解的困惑上可以看出，尽管征税的依据是税法，但由于纳税人排污行为同时受排污许可管理和环境税的管控与调节，在环保税申报及管理中会主动将二者挂钩，对某些涉税问题进行分析和判断，也体现不同管理制度带给纳税人在政策理解和适用方面的影响。

5.1.6 个别政策尚不明确，导致征纳风险大

环保税实施过程中，由于政策理解的原因导致税收征纳风险加大。环保税实施时间段，技术性强，与一般税种征收方法差别较大，专业人士也相对缺乏，对于政策理解方面存在很多困惑或者问题。一方面，纳税人本

身限于自己对政策的了解或者认知的局限性，理解不到位；另一方面，个别政策本身尚不够明确，税企双方在适用政策方面存在争议。

1. 关于固体废物

《环境保护税法》及《中华人民共和国环境保护税法实施条例》（以下简称《实施条例》）第五条规定，"应税固体废物的计税依据，按照固体废物的排放量确定。固体废物的排放量为当期应税固体废物的产生量减去当期应税固体废物的贮存量、处置量、综合利用量的余额"，《环境保护税法》第四条第（二）款规定，可以不缴纳相应固体废物环保税的情形，是指企业事业单位和其他生产经营者在符合国家和地方环境保护标准的设施、场所贮存或者处置固体废物。另外，《环境保护税法实施条例》第五条还规定，固体废物的贮存量、处置量，是指在符合国家和地方环境保护标准的设施、场所贮存或者处置的固体废物数量。

上述规定可见，固体废物排放量计算涉及环节多，并且储存设施、场所等环保规范多。计算环节多，涉及产生量、处置量、综合利用量，只要某一个环节计量出现问题，排放量计算就受到影响。但相关主管部门对"固废废物"计量尚缺乏相应的管理规范、计量方法和计量要求，纳税人缺乏有效计量固废废物的产生量、贮存量、综合利用量的指导。尤其对于除"危险废物"以外的一般工业固体废物，纳税人从源头就未对其产生量进行称重计量，贮存、处置量、综合利用量是否计量也存在很大问题，因而纳税人无法准确计算申报环境保护税。此外，储存设施、场所等环保规范多，目前大部分企业对应税固体废物的贮存、处置和综合利用还存在许多误区，不缴或少缴税的现象还较为普遍。

当纳税人存在《实施条例》规定的第六条情形，应当以当期应税固体废物的产生量作为固体废物的排放量时，税务部门通常以环保处罚数据形式取得纳税人非法倾倒应税固体废物情况，处罚信息中仅明确纳税人非法倾倒应税固体废物数量，没有固体废物的产生量。此时，无论是生态环境部门、税务机关、还是纳税人均无法获取固体废物的产生量，导致环保税计税依据难以确定。

另外，如果在环保税法实施以前产生固体废物，发生直接排放，由于产生量未计量，会出现应纳税额为负值的情形。而我国历年堆存的工业固体废物总量达 600 亿~700 亿吨，一些地方历史遗留废渣、尾矿库多，目前我国还有 8 345 座尾矿库，其中近 90% 是四等、五等小型尾矿库，尾矿成分复杂，环境风险较高。此外，部分地区危险废物不当堆存、非法倾倒处置问题突出，多地发现渗坑、暗管偷排废酸废液等违法事件；部分处置设施运行不规范、不稳定，这些违法违规如果发生导致按产生量征税的应税情形，会因为产生量未计入计算公式发生纳税争议。

2. 关于达到税法规定排放标准纳税人适用税收优惠条件的理解

因各地税务局对《财政部 税务总局 生态环境部关于明确环境保护税应税污染物适用等有关问题的通知》中关于税收优惠减免理解不同，导致企业减免税申报条件不同。有的税务局要求每一个排放口的每一个污染因子达标才能申报减免。有的税务局要求某一排放口的某一污染因子超标，但其他排放口污染因子达标可以申报减免。目前企业按照当地税务局的要求申报税收减免。为保证税收优惠政策执行的一致性，需国家税务总局、环境主管部门进一步明确减免税政策。

另外，税收优惠减免明细表中，应税大气污染物是按照低于规定浓度值的多少来判定是否享受税收减免，有些污染物排污许可证规定的排放标准是排放速率，两者间如何换算才能充分享受优惠减免，需要明确。而对于排污许可证未规定排放标准的情形，企业只能全额征税，不能享受到税收减免政策。

3. 关于直接排放的争议

一些企业存在将车间排放的水污染物排到自建污水处理中心的情形，是否应缴纳，判断上也存在困难。税法明确规定，针对直接向环境排放应税污染物行为征税，《环境保护税法》第四条对不属于直接排放的情形进行了明确，"下列情形之一的，不属于直接向环境排放污染物，不缴纳相应污染物的环境保护税：（一）企业事业单位和其他生产经营者向依法设立的污水集中处理、生活垃圾集中处理场所排放应税污染物的；（二）企业事业单位和其他生产经营者在符合国家和地方环境保护标准的设施、场所贮存或者处置固体废物的"。

按照现行相关规定，自建污水处理中心不属于环保税法中所称的"依法设立的污水集中处理场所"，因此将车间排放的水污染物排到自建污水处理中心，并不属于法定的非直接排放情形，但是如果征税的话，由于自建污水处理中心外排应税污染物要缴纳环保税，如果对车间排放的水污染物排到自建污水处理中心这一中间环节征税，势必造成车间排放应税污染物的重复征税。因此，应对此情形的征免税及时予以明确。

4. 噪声征税问题

环保税法规定只对超标排放噪声征税，但很多油田在无人区，或者离居民区较远，噪声虽然超标，但并没有出现扰民的情况，而且按照以前《排污费征收标准管理办法》的规定，超标但不扰民的噪声并不缴纳排污费。由于环保税从排污费演变而来，而且实际征收中也较多借鉴排污费征收经验与方法，对于排污费阶段超标但不扰民的噪声免于缴纳排污费的政策在费改税后能否继续实施，税企也存在不同的理解与诉求。

5. 针对特定行业的一些特殊排放情形，尚有争议

（1）石油石化行业的火炬排放是否应税问题。石化企业为确保生产安全、防止意外事故发生，通常设置火炬将生产过程中产生的一些无法回收且具有一定毒性、危险性或腐蚀性的可燃性气体转变为危害较小的气体，直接排入大气，根据燃烧器是否远离地面，可将火炬类型分为高架火炬和地面火炬。由于高架火炬造价低、处理量大，在实际应用中占据主体地位。很多工厂为了减少能源浪费，正千方百计地把火炬气体回收，作为有用的燃料。但尽管废气回收得比较彻底，火炬依然需要保留，以确保发生意外事故时，可将大量可燃气体烧掉，确保安全。

不同厂对于火炬要求和使用情况也不相同，如炼油厂火炬一般在硫磺车间，处理硫化氢气体等。火炬处理的气体主要有：炼厂吹扫气和废气；油井中与原油一起排出的不可回收气体；鼓风炉排放的气体；焦炉产生的不能利用的气体；化工过程产生的废气等。火炬的排放物包括：含碳颗粒（烟灰）、未燃烧的烃、CO及其他部分燃烧和发生了转化的烃，以及NO_x。如果火炬气中有含硫物质，如硫化氢或硫醇，则排放物中还会含有二氧化硫。

火炬燃烧器在高空燃烧，可选择的测量技术很少，国内外对火炬排放的测量一直没有很好的方法，国内尚无针对石化项目火炬污染源的专门性技术导则和规范。排污费征收阶段，环保部门通常与企业协商后，对每个火炬实行定额征收方法。费改税后，是否纳税，如果应税，纳税依据如何确定，需要明确。另外，从功能上讲，火炬可作为大气污染日常处理设施和应急处置设施，环保税征收是否应区分日常处理和应急处置污染物排放的不同确定征免政策，应予考虑并加以明确。

（2）油气田开采回注水是否纳税，尚未明确。由于油气田回注水的体量大，特殊性突出，在此先对回注水的基本类型、作用及处理技术进行专门梳理，为其是否应税以及是否应适用特殊政策提供基本的分析基础。

① 油田回注水的类型。油田注水是指利用注水设备把质量合乎要求的水从注水井注入油层，以保持油层压力，是油田开发过程中向地层补充能量、提高油田采收率的重要手段之一。

A. 按注水方式划分，分为超前注水、早期注水、中期注水和晚期注水。超前注水指在采油井投产前就开始注水，使地层压力高于原始地层压力，建立起有效驱替系统的一种注水方式。这种注水方式可在裂缝性油田开发中使用。早期注水指油田投入开发初期就进行注水，使油层压力保持在原始压力附近，以实现保持压力开发的一种注水方式。中期注水介于早期与晚期之间，即当地层压力降到饱和压力以下，气油比上升到最大值之前注水。晚期注水指先利用天然能量采油，当驱油能量显著不足，油层压力降至饱和压力之下，油藏驱动方式转变为溶解气驱时再进行注水叫晚期注水。晚期注水作为二次采油方法加以应用，具有投资少、见效快、无水油量多、有利于提高采收率等优点，是目前许多产油国家常用的油田开发方式。

B. 按处理方法划分，物理处理法、化学处理法、物理化学法和生物处理法。油田采出水的物理处理法主要是采用物理的方法对采出水的中的杂质、油脂和漂浮物实现分离。油田采出水的化学处理法主要是指利用化学的方法对采出水中的油脂、胶体进行分解和处理，最常见的方式是混凝沉淀法和化学氧化法。油田采出水的物理化学法主要是利用物理法和化学法的优点，将物理法和化学法有机地结合在一起的水处理方法。采出水的物理化学法中比较突出的是气浮法和吸附法。油田采出水的生物处理法主要是向污水中加入微生物，利用微生物的分解特性和生存能力，将污水中的油脂、污物迅速分解，达到净化油田采出水的目的。

C. 按来源划分，油气田回注水主要来源于钻井、采油气、井下作业三个作业段，分别为钻井废水、井下作业废水、采油气废水。钻井废水主要包括：机械冷却废水，如柴油机冷却水、钻井泵拉杆冲洗水；钻井泥浆废水，如钻井泥浆中的澄清液，中原油田使用的泥浆体系为水基钻井液，以黏土和重晶石粉为主；其他废水，如固井等作业产生的废水、井口返排水。油气集输过程中废水主要包括：中转站、联合站产生的采油废水，天然气脱水站产生的采气废水。钻井废水首先排入各井场内经防渗处理的泥浆水池，经澄清后上清液运往污水处理站；采油气废水及作业废水全部送往污水处理站，废水经处理达标到回注水标准后回注 3 000 米左右的原油开采层。

② 油田回注水的作用。油田注水是经济高效地开发我国广大油田的基本方式，其主要作用体现在以下几个方面：

第一，提高采收率。油田依靠天然能量采油（即一次采油），采收率一般在 20% 左右；人工注水采油（增补油藏能量，即二次采油），采收率一般为 35% ~ 50%。

第二，实现高产稳产。注水井管理技术水平的高低决定着油田开发效果的好坏，同时也决定着油田开发寿命的长短。油田投入开发后，随着开采时间的增长，油层本身能量将不断地被消耗，致使油层压力不断地下降，地下原油大量脱气，粘度增加，油井产量大大减少，甚至会停喷停产，造成地下残留大量死油采不出来。为了弥补原油采出后所造成的地下亏空，保持或提高油层压力，实现油田高产稳产，必须对油田进行注水。

第三，变废为利，保护环境。随着油田开发的日益发展，油田采出水（含油污水）日益增多，将其处理后注入油层，既防止了环境污染，又节约了水资源，变废为利，利国利民。

③ 油田采出水回注标准及处理技术。油田回注水执行 SY/T5329 – 94 碎屑岩油藏注水水质推荐指标。概括起来注水水质控制应满足以下几点：一是水质稳定与油层水相混不产生沉淀；二是水注入地层后，不使黏土水化膨胀；三是不得携带大量悬浮物，以免堵塞注水井渗滤端面；四是对注

水设施腐蚀小;五是当用一种水源不足时,需要用第二种水源时,应该做室内试验,证实两种水相配伍性好,不伤害地层。

油田的回注水处理技术与采出水中含有的杂质的种类和性质、油层的性质、采出的原油性质有很大的关系。根据采出水的性质可以将油田回注水处理技术分为常规油田回注水处理技术和稠油回注水处理工艺。

常规油田(即稀油废水)回注水处理技术:对于回注中、高渗透油层的含油废水,国内大部分油田都采用自然沉降除油—混凝除油—过滤除油的"三段式"常规处理工艺。对于中、低渗透油层的含油废水,一般为"三段式"处理加"精细过滤"工艺。

稠油回注水处理工艺:稠油采出水一般具有悬浮物含量高、油水密度差小、水温高等特点。含有较高的沥青质和胶类物质,黏滞性大,易形成水包油型乳化液,成分复杂多变。稠油废水处理后除用于回注外,还有部分废水经过深度处理后用于热采锅炉的给水。当前聚合物驱采油技术已经大规模推广应用,但是随着聚合物驱溶液的加入,导致油、水分离和含油废水处理的难度加大。当前油田普遍采用的"二级沉淀"+"二级过滤"处理工艺已不能满足要求,出现了设备处理能力降低、沉降时间过长、出水水质不合格等现象。

④回注水处理前后水质对比。国内目前部分主力注水油田处理前后水质对比情况如表5-1所示。

表5-1　　　　部分主力注水油田处理前后水质对比

序号	油田	监测点	含油量(mg/L)	悬浮物(mg/L)	粒径中值(μm)	亚铁(mg/L)	总铁(mg/L)	含硫量(mg/L)	溶解氧(mg/L)	SRB	FB	TGB
1	X1油田	注水控制指标	≤10	≤4.0	≤2.5	≤0.5	≤0.5	/	≤0.1	<10	$<1\times10^4$	$<1\times10^4$
		处理前	70	47	7.1	0	1.91	0.590	0.168	0	0	0
		处理后	10	6	1.07	0.12	1.16	0.335	0.304			
2	X2油田	注水控制指标	≤30	≤10	≤3	≤0.5	≤0.5	≤10	≤0.5	≤25		
		处理前	450	/	2.49	0.12	0.43	0.750	0.02	2.5	0	2.5
		处理后	17	7	1.79	0.12	0.28	0.718	0.02	0.6	0	0.6

续表

序号	油田	监测点	含油量(mg/L)	悬浮物(mg/L)	粒径中值(μm)	亚铁(mg/L)	总铁(mg/L)	含硫量(mg/L)	溶解氧(mg/L)	SRB	FB	TGB
3	X3油田	注水控制指标	≤30	≤20	≤4	/	≤0.5	≤10	≤0.05	≤25	N×10^3	N×10^3
		处理前	2018	(>50)	2.81	0.01	0.06	0.009	0.31	110	110	2.5
		处理后	17	14	2.44	0.01	0.17	0.006	0.44	13	13	2.5
4	X4油田	注水控制指标	≤30	≤20	≤4	/	≤0.5	≤2	≤0.05	≤25	N×10^3	N×10^3
		处理前	488	18	3.831	0.08	0.32	0.178	0.22	25	13	13
		处理后	29	19	3.325	0.10	0.32	0.175	0.30	25	6	13
5	X5油田	注水控制指标	≤15	≤5	≤3	≤0.5	≤0.5	≤2	≤0.5	≤25	≤N×10^4	≤N×10^4
		处理前	265	16.5	2.428	0.07	0.21	0.01	0.3	0	0	0
		处理后	5	1	1.109	0.08	0.37	0.321	0.05	0	0	0
6	X6油田	注水控制指标	<30	<5	≤3	≤0.5	≤0.5	≤2	≤0.5	≤25	≤N×10^4	≤N×10^4
		处理前	700	100	3.4	0.09	0.47	0.235	0.13	0	0	0
		处理后	10	9	1.5	0.03	0.48	0.185	0.12	1.3	0	6
7	X7油田	油田标准	≤10	≤5	≤3	≤0.5	≤0.5	≤2	≤0.5	≤25	/	/
		处理前	370	10.7	13.549	0.04	0.2	0.111	0.15	2.5	0	0
		处理后	5	4.9	1.508	0	0.27	0.092	0.19	0	0	0
8	X8油田	注水控制指标	≤30	≤10	≤4	≤0.5	≤0.5	≤2	≤0.5	≤25	≤N×10^4	≤N×10^4
		处理前	346.4	/	/	0	0.04	0.97	0.198	0	0	0
		处理后	16.8	1	1.493	0.17	0.22	1.52	0.231	0	1100	1.3

总体来看，油田回注水对于油气田开发具有重要意义，稠油回注水处理工艺也面临挑战，因此，环保税政策制订应充分考虑其特殊性以及如何平衡采油作业与环境保护之间的关系。

（3）污水进入蒸发池是否申报环保税，目前行业内也存在较大争议，实际申报时各单位和同行业也存在申报缴纳和不申报缴纳两种情形，有待进一步明确。

目前油气田企业采油采气废水均采用了回注地层处理。一般情况下经油、气、水沉降等工艺分离后,采油采气废水经过处理达标后(达标标准采用《碎屑岩油藏注水水质指标及分析方法》(SY/T5329-2012))直接回注地层。但在回注水量充足有结余水时,结余采油采气废水处理后会先进入蒸发池,待需要回注水时再次进行处理进行回注地层。部分单位对采油采气废水经处理排入蒸发池,按照排入量进行了环保税纳税申报,但大部分单位对此情况未进行申报,存在纳税争议与风险。

另外,部分生活污水也排入蒸发池。油气田企业生活污水排放主要有以下几种方式。一是污水进入市政管网,不涉及缴纳环保税。二是污水先进入蒸发池,再进行污水处理设施处理,达标后进行浇树浇花处理。该种情形虽然达标,但仍然属于污水外排,应该缴纳环保税。三是污水经处理或不处理进入蒸发池进行长期储存或晒干、蒸发处理。对于该种情形,目前存在申报缴纳和不申报缴纳两种情况。蒸发是否涉及环境污染、是否需要缴纳环保税,存在一定的争议。

5.1.7 纳税人环保方面的投入加大,税收激励措施不足

近年来,不少企业在环保方面加大投入,尽管这是在建立生态文明基本国策下多种手段综合运用的结果,但中央文件多次对环保税开征做出指示以及环保税立法的通过,客观上对企业加大环保的投入起到了引导作用。以中原油田为例,环保税开征后,企业加大了环保投入,2018年、2019年均环保投入2 000万元(见表5-2)。

表5-2　　2016~2019年中原油田环保投入金额

年度	环保投入金额(万元)
2016	1 000
2017	1 000
2018	2 000
2019	2 000

再以普光气田为例，由于普光气田属于高含硫气田，气藏埋藏深、压力高、温度高、硫化氢和二氧化碳含量高等"四高一深"的特点，普光气田按照环评要求，严格履行环保"三同时"，近年来环保资金投入达 57 亿元，建成了高标准的环保设施，应用了先进的环保技术措施，不断研发和应用环境保护技术，确保了气田的安全、环保、平稳运行。达州净化有限公司 2018 年度大气污染物、水污染然的浓度值均低于国家规定的污染物排放标准 30%～50%。近十年来，气田开发带动了地区经济，造福了当地群众，同时保护了地方环境。

此外，环保税征收依据首先是在线监测数，征收情况显示，按污染源在线监测设备征税，税额一般低于按物料衡算等方法征税，但在线监测设备价格相对高，企业在线监测方面的投入也缺乏相应激励。

总体上看，企业在环保方面大量的资金投入缺乏足够的税收政策的支持，企业对加大环保投入支持力度的呼声较高。

5.2 相关建议

5.2.1 环保税征收应进一步体现公平原则与效率原则

环保税征收应进一步体现公平原则。如对城镇污水处理厂达标排放免征环保税，而某些园区或者企业的污水处理设施，也同时处理所在区域的生活污水，按规定不能享受免税政策，形成制度上的不公平待遇，建议基于公平原则的考虑，二者实施相同的环保税政策待遇。另外，具体应税污染物及其当量值直接影响税负公平，可以考虑减少具体应税污染物的项目，只对主要污染物征税，并进一步根据其环境损害与治理成本优化其当量值。

环保税污染物排放确定方式复杂，纳税人申报信息多，给征纳双方都带来了较大的实施成本，不符合税收的征管效率原则，引发诟病。应考虑从制度上进一步简化，并探索运用大数据等手段或与排污许可证制度挂钩的可行性，降低纳税人的遵从成本和税务机关的管理成本。

5.2.2 明确税企之间有争议的政策，降低企业纳税风险

第一，对"固体废物"计量制定进一步明确的管理规范、计量方法和计量要求，强化对纳税人有效计量固体废物产生量、贮存量、综合利用量等方面的指导。目前大部分企业对应税固体废物的贮存、处置和综合利用还存在许多误区，不缴或少缴税的现象还比较普遍。建议基层税务机关重视该方面政策的宣传和辅导，尽快帮助纳税人了解和掌握环保税的相关法律法规，辅导纳税人如实记录产生固体废物的种类、数量、流向以及贮存、处置、综合利用、接收转入等信息，建立应税固体废物管理台账等，从而有效防范环保税的涉税风险，提高环保税的征管质效。

第二，对优惠政策的适用条件，应考虑到排污许可证未规定排放标准的情形下，企业只能全额征税，不能享受到税收减免政策。另外，税收优惠减免明细表应税大气污染物是按照低于规定浓度值的一定百分比来判定是否享受税收减免，有些污染物排污许可证规定的排放标准是排放速率，两者间如何换算才能充分享受优惠减免，对此应加以明确。

第三，明确对特定行业的特殊排放行为是否征税。油气田开采行业与其他从事生产经营的行业相比，具有显著不同的特征，也正是因为此，在营改增实施之前，早在2009年，财政部、税务总局就专门针对油气田开采行业下发了《油气田企业增值税管理办法》。资源税的税收优惠中，也对油气田企业的特殊情况予以注明考虑。环境保护税实施后，由于石油石化行业链条长，技术复杂，涉及污染环节多，因为政策理解存在争议而导致的相应纳税风险也较大，应及早明确相关政策。

油气田回注水由于体量大，是否应税，石油石化行业关注度较高。从形式上看，属于直接排放，并且回注水经处理后尽管达标排放，仍含有一定的污染成分。但有其特殊性，主要表现在：一是回注水来源多样，大部分回注水来自开采过程，当注水量不足时，也会补充自来水或淡化海水注入地下。对于采自地下的回注水，经处理达到一定标准后再回注，与一般生产经营因使用水源而排放废水存在显著不同。二是回注水的功能主要是

提高采收率。实现高产稳产，节约了水资源，减少环境污染。三是目前我国大部分油田都已经进入石油开采的中期和后期。采出的原油含水率已达70%~80%，有的油田甚至高达90%，开采处理难度很大，处理技术要求越来越高。随着采油技术的不断发展，油田分层注水的普及和推广，油田的采出水量也逐年增加，采出水经过处理后用于油田的回注水，随着开采条件越来越苛刻，传统的回注水处理技术已经无法满足生产，新技术的研究越来越被人们重视。油田回注水处理技术的关键就是除油和除悬浮物，而随着三次聚合驱采油技术的推广以及低渗透油层回注标准的提高，现有处理技术、设备很难达到要求。四是回注水执行行业标准 SY/T5329-94 碎屑岩油藏注水水质推荐指标，大部分地方环保局尚未纳入监测。对于回注水是否征收环境保护税，应综合考虑相关因素，主要包括：油气田行业的特殊性；我国油气对外依存度高；油气田面临开采难度大、技术要求高，必须研究新的处理技术，开发更加有效的处理设备；油气田回注水污染物监测是否具备征税条件等。

　　从政策的立法意图角度，宜考虑到通过相关政策，促进回注水质量监管，鼓励油气田企业研发新技术，使用更有效的设备。

　　基于综合考虑上述因素以及政策的出发点，本报告认为回注水应考虑暂缓征收环境保护税。现阶段应首先加强环保部门对回注水污染物排放情况的监管，在环保部门监管基本到位的情况下，可考虑对达标排放的回注水实施免税的政策。

　　除回注水的问题以外，火炬是否征税也应及早明确。火炬在环保税开征以前，环保部门是征收排污费的，但并未按实际污染物排放量征税，而是采用协议征收的方式。火炬是否应征环保税，应按照税法基本规定来判断，有无应税污染物的排放，如果有，则应纳入征税范围。由于火炬排放的主要是 VOCs（Volatile Organic Compounds），目前 VOCs 虽未整体纳入环保税征收范围，但应税污染物中有 14 项属于 VOCs 类型，因此应明确现阶段是否对其征收环保税。此外，应考虑到火炬污染物排放非常难测量，可选择的测量技术很少，国外火炬排放较多使用简单的林格曼黑度法，按烟气测量分为六个等级进行目测，测量方法非常粗糙。因此，如果将火炬纳入征税范围，应制定相对简易的核定征收方法。

第四，制定更科学有效的激励措施，鼓励企业环保投入。环保税开征以后，企业更加注重环保投入，这也给企业带来较大的经济负担。为了鼓励企业的环保研发与投入，应考虑统筹制订相应的财税政策，协调好不同税种的环境税收政策，以减轻企业负担，更好地发挥绿色税收政策的引导作用。目前针对企业环保设备投资的鼓励政策，只有依据《企业所得税法》第三十四条及实施条例第一百条相关规定，企业购置并实际使用《环境保护专用设备企业所得税优惠目录》《节能节水专用设备企业所得税优惠目录》《安全生产专用设备企业所得税优惠目录》规定的"环境保护、节能节水、安全生产"等专用设备的，该设备的投资额的10%可以从企业当年的应纳税额中抵免，不足抵免的，可以在以后5个纳税年度结转抵免。该政策一方面优惠力度小，另一方面大量环保设备因未列入名单导致无法享受税收优惠。油气田行业属于技术复杂，开发难度大，研发和设备高投入的行业，不少设备由于未纳入名单而不能享受优惠政策，使企业的投入缺乏相应的政策支持。与此同时，企业采用先进工艺也很难得到政策支持。如普光气田研发高含硫气田产出水回收利用的深度处理工艺，项目实施后，净化厂可减少新鲜水用量1 000吨/天，气田回注水量将降低75%，类似项目没有得到足够的政策支持。因此，应考虑从名单制定方面考虑到行业特殊性，并加大对重要环保设备以及先进工艺的投资鼓励力度。

此外，考虑到在线监测是环保税征收的重要依据以及其设备采购及运行成本，应将在线监测设备纳入企业所得税优惠目录。

第6章

石油石化行业环境保护税缴纳中的风险点梳理

环境保护税作为新实施的一个税种,与排污费相比,更具强制性,税基确定方法等相对复杂,漏交少缴违法风险加大。环保税立法通过后,一系列操作规范相继出台,纳税人需把握这些新的法律法规,系统对风险点加以梳理,以防控新税种可能引发的纳税风险。本部分从制度遵从的风险管理角度,税务机关对环保税风险指标管理角度以及调研发现的重点风险三个角度对石油石化行业环境保护税缴纳中的风险进行梳理。

6.1 环境保护税风险点梳理 ——基于制度遵从的风险管理

基于制度遵从的风险管理拟分为六部分进行讨论,分别为征收范围、计税依据和应纳税额、应税污染物排放量的监测计算、税收优惠、台账管理、生态环境监测机构的资质管理。

6.1.1 征收范围

征收范围风险点如表6-1所示。

表 6-1　　　　　　　　征收范围风险点梳理

序号	风险点描述	风险点注释	政策法规名称
1	企业**直接**向环境排放**大气污染物、水污染物、固体废物和噪声**等应税污染物，未按规定缴纳环境保护税	**第二条** 在中华人民共和国领域和中华人民共和国管辖的其他海域，直接向环境排放应税污染物的企业事业单位和其他生产经营者为环境保护税的纳税人，应当依照本法规定缴纳环境保护税。 文件依据：《中华人民共和国环境保护税法》 **第三条** 本法所称应税污染物，是指本法所附《环境保护税税目税额表》《应税污染物和当量值表》规定的大气污染物、水污染物、固体废物和噪声	《中华人民共和国环境保护税法》
2	企业事业单位和其他生产经营者向依法设立的**污水集中处理、生活垃圾集中处理场所排放应税污染物的；不属于直接向**环境排放污染物，不缴纳相应污染物的环境保护税	**第四条** 有下列情形之一的，不属于直接向环境排放污染物，不缴纳相应污染物的环境保护税：（一）企业事业单位和其他生产经营者向依法设立的污水集中处理、生活垃圾集中处理场所排放应税污染物的；（二）企业事业单位和其他生产经营者在符合国家和地方环境保护标准的设施、场所贮存或者处置固体废物的	《中华人民共和国环境保护税法》
3	**企业事业单位和其他生产经营者在符合国家和地方环境保护标准的设施、场所贮存或者处置固体废物的，不属于直接向**环境排放污染物，不缴纳相应污染物的环境保护税	**第四条** 有下列情形之一的，不属于直接向环境排放污染物，不缴纳相应污染物的环境保护税：（一）企业事业单位和其他生产经营者向依法设立的污水集中处理、生活垃圾集中处理场所排放应税污染物的；（二）企业事业单位和其他生产经营者在符合国家和地方环境保护标准的设施、场所贮存或者处置固体废物的	《中华人民共和国环境保护税法》
4	依法设立的**城乡污水集中处理、生活垃圾集中处理场所超过国家和地方规定的排放标准**向环境排放应税污染物的，未缴纳环境保护税	**第五条** 依法设立的城乡污水集中处理、生活垃圾集中处理场所超过国家和地方规定的排放标准向环境排放应税污染物的，应当缴纳环境保护税。 企业事业单位和其他生产经营者贮存或者处置固体废物不符合国家和地方环境保护标准的，应当缴纳环境保护税	1.《中华人民共和国环境保护税法》 2.《中华人民共和国环境保护税法实施条例》

续表

序号	风险点描述	风险点注释	政策法规名称
5	企业事业单位和其他生产经营者**贮存或者处置固体**废物不符合国家和地方环境保护标准的，未缴纳环境保护税	**第五条** 依法设立的城乡污水集中处理、生活垃圾集中处理场所超过国家和地方规定的排放标准向环境排放应税污染物的，应当缴纳环境保护税。 企业事业单位和其他生产经营者贮存或者处置固体废物不符合国家和地方环境保护标准的，应当缴纳环境保护税	《中华人民共和国环境保护税法》
6	燃烧产生废气中的颗粒物，未按照烟尘征收环境保护税，造成少缴税款	**关于应税污染物适用问题**：燃烧产生废气中的颗粒物，按照烟尘征收环境保护税。排放的扬尘、工业粉尘等颗粒物，除可以确定为烟尘、石棉尘、玻璃棉尘、炭黑尘的外，按照一般性粉尘征收环境保护税	《关于环境保护税应税污染物适用等有关问题的通知》
7	排放的扬尘、工业粉尘等颗粒物（除可以确定为烟尘、石棉尘、玻璃棉尘、炭黑尘的外）按照一般性粉尘征收环境保护税	**关于应税污染物适用问题**：燃烧产生废气中的颗粒物，按照烟尘征收环境保护税。排放的扬尘、工业粉尘等颗粒物，除可以确定为烟尘、石棉尘、玻璃棉尘、炭黑尘的外，按照一般性粉尘征收环境保护税	《关于环境保护税应税污染物适用等有关问题的通知》
8	无组织排放应税污染物，应征收环境保护税。涉及大气污染物当量值表中的 14 个应污染物：苯、甲苯、二甲苯、丙烯醛、甲醇、酚类、苯胺类、氯苯类、硝基苯、丙烯氢、二甲二硫、苯乙烯、二硫化碳、苯并（a）芘等	《环境保护税法》第九条规定，每一排放口**或者没有排放口的**应税大气污染物，按照污染当量数从大到小排序，对前三项征收环保税	《中华人民共和国环境保护税法》

6.1.2 计税依据和应纳税额

计税方式如图 6-1 所示。

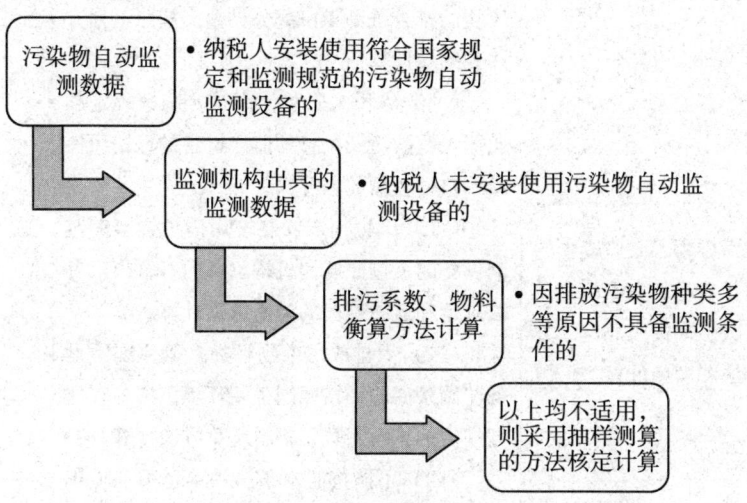

图 6-1　计税方式的选择

计税依据和应纳税额风险点如表 6-2 所示。

表 6-2　　　　计税依据和应纳税额风险点梳理

序号	风险点描述	风险点注释	政策法规名称
1	应税大气污染物、水污染物的**排放量**是计算污染当量数的基础数据，应保证其准确无误。纳税人申报的污染物排放数据与环境保护主管部门交送的相关数据**不一致的，按照环境保护主管部门交送的数据确定应税污染物的计税依据**	**第七条**　应税污染物的计税依据，按照下列方法确定：（一）应税大气污染物按照污染物排放量折合的污染当量数确定；（二）应税水污染物按照污染物排放量折合的污染当量数确定；（三）应税固体废物按照固体废物的排放量确定；（四）应税噪声按照超过国家规定标准的分贝数确定	《中华人民共和国环境保护税法》

续表

序号	风险点描述	风险点注释	政策法规名称
2	应税大气污染物、水污染物、固体废物的排放量和噪声的分贝数，未按照规定的**方法和顺序计算**	**第十条** 应税大气污染物、水污染物、固体废物的排放量和噪声的分贝数，按照下列方法和顺序计算： （一）纳税人安装使用符合国家规定和监测规范的污染物自动监测设备的，按照污染物自动监测数据计算； （二）纳税人未安装使用污染物自动监测设备的，按照监测机构出具的符合国家有关规定和监测规范的监测数据计算； （三）因排放污染物种类多等原因不具备监测条件的，按照国务院环境保护主管部门规定的排污系数、物料衡算方法计算； （四）不能按照本条第一项至第三项规定的方法计算的，按照省、自治区、直辖市人民政府环境保护主管部门规定的抽样测算的方法核定计算	《中华人民共和国环境保护税法》
3	应税大气污染物、水污染物的污染当量值**填写错误或当量数计算错误**，造成多缴或少缴税款	**第八条** 应税大气污染物、水污染物的污染当量数，以该污染物的排放量除以该污染物的污染当量值计算。每种应税大气污染物、水污染物的具体污染当量值，依照本法所附《应税污染物和当量值表》执行。 **第九条** 每一排放口或者没有排放口的应税大气污染物，按照污染当量数从大到小排序，对前三项污染物征收环境保护税。 每一排放口的应税水污染物，按照本法所附《应税污染物和当量值表》，区分第一类水污染物和其他类水污染物，按照污染当量数从大到小排序，对第一类水污染物按照前五项征收环境保护税，对其他类水污染物按照前三项征收环境保护税	

续表

序号	风险点描述	风险点注释	政策法规名称
4	应税固体废物的**排放量监测**或者**计算**错误，造成多缴或少缴税款	第十一条：环境保护税应纳税额按照下列方法计算： （一）应税大气污染物的应纳税额为污染当量数乘以具体适用税额； （二）应税水污染物的应纳税额为污染当量数乘以具体适用税额； （三）应税固体废物的应纳税额为固体废物排放量乘以具体适用税额； （四）应税噪声的应纳税额为超过国家规定标准的分贝数对应的具体适用税额。	1.《中华人民共和国环境保护法》 2.《中华人民共和国环境保护税法实施条例》 3.《关于环境保护税有关问题的通知》
5	应税固体废物的贮存量、处置量和综合利用量，**未准确计量**，不得从其应税固体废物的产生量中减去，造成多缴税款	第五条：应税固体废物的计税依据，按照固体废物的排放量确定。固体废物的排放量为当期应税固体废物的产生量减去当期应税固体废物的贮存量、处置量、综合利用量的余额。 三、关于应税固体废物排放量计算和纳税申报问题 　　应税固体废物的排放量为当期应税固体废物的产生量减去当期应税固体废物贮存量、处置量、综合利用量的余额。纳税人应当准确计量应税固体废物的贮存量、处置量和综合利用量，**未准确计量的，不得从其应税固体废物的产生量中减去**。纳税人依法将	
6	纳税人依法将应税固体废物转移至其他单位和个人进行贮存、处置或者综合利用的，**当期**即可相应减少应税固体废物的排放量	应税固体废物转移至其他单位和个人进行贮存、处置或者综合利用的，固体废物的转移量相应计入其当期应税固体废物的贮存量、处置量或综合利用量；纳税人接收的应税固体废物转移量，不计入其当期应税固体废物的产生量。纳税人对应税固体废物进行综合利用的，应当符合工业和信息化部制定的工业固体废物综合利用评价管理规范	

续表

序号	风险点描述	风险点注释	政策法规名称
7	一个单位的同一监测点当月有多个监测数据超标的，**以最高一次超标声级计算应纳税额**	**四、关于应税噪声应纳税额的计算问题** 应税噪声的应纳税额为超过国家规定标准分贝数对应的具体适用税额。噪声超标分贝数不是整数值的，按四舍五入取整。一个单位的同一监测点当月有多个监测数据超标的，以最高一次超标声级计算应纳税额。声源一个月内累计昼间超标不足15昼或者累计夜间超标不足15夜的，分别减半计算应纳税额	《关于环境保护税有关问题的通知》
8	对于同一排放口或没有排放口的**大气污染物**，未按照污染当量数从大到小排序，对**前三项污染物**计算缴纳环境保护税	**第九条**：每一排放口或者没有排放口的应税大气污染物，按照污染当量数从大到小排序，对前三项污染物征收环境保护税。 每一排放口的应税水污染物，按照本法所附《应税污染物和当量值表》，区分第一类水污染物和其他类水污染物，按照污染当量数从大到小排序，对第一类水污染物按照前五项征收环境保护税，对其他类水污染物按照前三项征收环境保护税	《中华人民共和国环境保护税法》
9	对于同一排放口的**第一类水污染物**，未按照污染当量数从大到小排序并按照**前五项**计算缴纳环境保护税；或者对于同一排放口的**其他类水污染物**，未按照污染当量数从大到小排序并按照**前三项**计算缴纳环境保护税		

6.1.3 应税污染物排放量的监测计算

应税污染物排放量的监测计算风险点如表6-3所示。

表 6-3　　　　　应税污染物排放量的监测计算风险点梳理

序号	风险点描述	风险点注释	政策法规名称
1	委托监测机构对**大气污染物**进行监测时，其当月同一个排放口排放的同一种污染物有多个监测数据的，未按照应税大气污染物按照监测数据的**平均值**计算应税污染物的排放量	一、关于应税大气污染物和水污染物排放量的监测计算问题 　　纳税人委托监测机构对应税大气污染物和水污染物排放量进行监测时，其当月同一个排放口排放的同一种污染物有多个监测数据的，应税大气污染物按照监测数据的平均值计算应税污染物的排放量；应税水污染物按照监测数据以流量为权的加权平均值计算应税污染物的排放量。在环境保护主管部门规定的监测时限内当月无监测数据的，可以跨月沿用最近一次的监测数据计算应税污染物排放量。纳入排污许可管理行业的纳税人，其应税污染物排放量的监测计算方法按照排污许可管理要求执行。 　　因排放污染物种类多等原因不具备监测条件的，纳税人应当按照《关于发布计算污染物排放量的排污系数和物料衡算方法的公告》（原环境保护部公告 2017 第 81 号）的规定计算应税污染物排放量。其中，相关行业适用的排污系数方法中产排污系数为区间值的，纳税人结合实际情况确定具体适用的产排污系数值；纳入排污许可管理行业的纳税人按照排污许可证的规定确定。生态环境部尚未规定适用排污系数、物料衡算方法的，暂由纳税人参照缴纳排污费时依据的排污系数、物料衡算方法及抽样测算方法计算应税污染物的排放量	《关于环境保护税有关问题的通知》
2	委托监测机构对**水污染物**进行监测时，其当月同一个排放口排放的同一种污染物有多个监测数据的，未按照监测数据**以流量为权的加权平均值**计算应税污染物的排放量		
3	委托监测机构对**水污染物**和**大气污染物**监测中，在环境保护主管部门规定的监测时限内当月**无监测数据**的，可跨月沿用最近一次的监测数据计算应税污染物排放量		
4	不具备监测条件的大气和水污染物排放量计算方法应适用**排污系数法和物料衡算法**		
5	生态环境部尚未规定适用排污系数、物料衡算方法的，纳税人**应参照缴纳排污费时依据的排污系数、物料衡算方法及抽样测算方法**计算应税污染物的排放量		

续表

序号	风险点描述	风险点注释	政策法规名称
6	应税水污染物的污染当量值**填写错误或当量数计算错误**，造成多缴或少缴税款。注意色度和畜禽养殖业的污染当量值要特殊处理	二、关于应税水污染物污染当量数的计算问题 应税水污染物的污染当量数，以该污染物的排放量除以该污染物的污染当量值计算。其中，色度的污染当量数，以污水排放量乘以色度超标倍数再除以适用的污染当量值计算。畜禽养殖业水污染物的污染当量数，以该畜禽养殖场的月均存栏量除以适用的污染当量值计算。畜禽养殖场的月均存栏量按照月初存栏量和月末存栏量的平均数计算	《关于环境保护税有关问题的通知》
7	按照规定须安装污染物自动监测设备并与生态环境主管部门联网的，当自动监测设备发生故障、设备维护、启停炉、停运等状态时，对数据状态进行标记，以及对数据缺失、无效时段的污染物排放量进行修约和替代处理，并按标记、处理后的自动监测数据计算应税污染物排放量。当月不能提供符合国家规定和监测规范的自动监测数据的，应当按照排污系数、物料衡算方法计算应税污染物排放量	三、关于应税污染物排放量的监测计算问题： （一）纳税人按照规定须安装污染物自动监测设备并与生态环境主管部门联网的，当自动监测设备发生故障、设备维护、启停炉、停运等状态时，应当按照相关法律法规和《固定污染源烟气（SO_2、NO_x、颗粒物）排放连续监测技术规范》（HJ75－2017）、《水污染源在线监测系统数据有效性判别技术规范》（HJ/T356－2007）等规定，对数据状态进行标记，以及对数据缺失、无效时段的污染物排放量进行修约和替代处理，并按标记、处理后的自动监测数据计算应税污染物排放量。相关纳税人当月不能提供符合国家规定和监测规范的自动监测数据的，应当按照排污系数、物料衡算方法计算应税污染物排放量。纳入排污许可管理行业的纳税人，其应税污染物排放量的监测计算方法按照排污许可管理要求执行。 **纳税人主动安装使用符合国家规定和监测规范的污染物自动监测设备，但未与生态环境主管部门联网的，可以按照自动监测数据计算应税污染物排放量；不能提供符合国家规定和监测规范的自动监测数据的，应当按照监测机构出具的符合监测规范的监测数据或者排污系数、物料衡算方法计算应税污染物排放量**	《关于环境保护税应税污染物适用等有关问题的通知》

续表

序号	风险点描述	风险点注释	政策法规名称
8	纳税人委托监测机构监测应税污染物排放量的，应当按照国家有关规定制定监测方案，并将监测数据资料及时报送生态环境主管部门，凡发现监测数据弄虚作假的，依照相关法律法规的规定追究法律责任	（二）纳税人委托监测机构监测应税污染物排放量的，应当按照国家有关规定制定监测方案，并将监测数据资料及时报送生态环境主管部门。监测机构实施的监测项目、方法、时限和频次应当符合国家有关规定和监测规范要求。监测机构出具的监测报告应当包括应税水污染物种类、浓度值和污水流量；应税大气污染物种类、浓度值、排放速率和烟气量；执行的污染物排放标准和排放浓度限值等信息。监测机构对监测数据的真实性、合法性负责，凡发现监测数据弄虚作假的，依照相关法律法规的规定追究法律责任。	《关于环境保护税应税污染物适用等有关问题的通知》
9	采用委托监测方式，在规定监测时限内当月无监测数据的，可以沿用最近一次的监测数据计算应税污染物排放量，但不得跨季度沿用监测数据，当月无监测数据的，不予减免环境保护税	纳税人采用委托监测方式，在规定监测时限内当月无监测数据的，可以沿用最近一次的监测数据计算应税污染物排放量，但不得跨季度沿用监测数据。纳税人采用监测机构出具的监测数据申报减免环境保护税的，应当取得申报当月的监测数据；当月无监测数据的，不予减免环境保护税。有关污染物监测浓度值低于生态环境主管部门规定的污染物检出限的，除有特殊管理要求外，视同该污染物排放量为零。生态环境主管部门、计量主管部门发现委托监测数据失真或者弄虚作假的，税务机关应当按照同一纳税期内的监督性监测数据或者排污系数、物料衡算方法计算应税污染物排放量	
10	生态环境主管部门、计量主管部门发现委托监测数据失真或者弄虚作假的，追究其法律责任。税务机关应当按照同一纳税期内的监督性监测数据或者排污系数、物料衡算方法计算应税污染物排放量		

续表

序号	风险点描述	风险点注释	政策法规名称
11	在建筑施工、货物装卸和堆存过程中无组织排放应税大气污染物的,应按照生态环境部规定的排污系数、物料衡算方法计算应税污染物排放量	(三)在建筑施工、货物装卸和堆存过程中无组织排放应税大气污染物的,按照生态环境部规定的排污系数、物料衡算方法计算应税污染物排放量;不能按照生态环境部规定的排污系数、物料衡算方法计算的,按照省、自治区、直辖市生态环境主管部门规定的抽样测算的方法核定计算应税污染物排放量	《关于环境保护税应税污染物适用等有关问题的通知》

6.1.4 税收优惠

税收优惠风险点如表 6-4 所示。

表 6-4　　税收优惠风险点梳理

序号	风险点描述	风险点注释	政策法规名称
1	纳税人应合理界定非道路移动机械的概念,正确运用税收优惠	第十二条　下列情形,暂予免征环境保护税: (一)农业生产(不包括规模化养殖)排放应税污染物的; (二)机动车、铁路机车、非道路移动机械、船舶和航空器等流动污染源排放应税污染物的; (三)依法设立的城乡污水集中处理、生活垃圾集中处理场所排放相应应税污染物,不超过国家和地方规定的排放标准的; (四)纳税人综合利用的固体废物,符合国家和地方环境保护标准的; (五)国务院批准免税的其他情形。前款第五项免税规定,由国务院报全国人民代表大会常务委员会备案	《中华人民共和国环境保护税法》

续表

序号	风险点描述	风险点注释	政策法规名称
2	排放应税大气污染物或者水污染物税收优惠浓度比值**计算错误**，**未按照**纳税人安装使用的污染物自动监测设备当月自动监测的应税**大气污染物**浓度值的**小时平均值**再平均所得数值或者应税**水污染物浓度值的日平均值**再平均所得数值，或者监测机构当月监测的应税大气污染物、水污染物浓度值的平均值**计算取数**，造成税收优惠政策适用不当	第十三条 纳税人排放应税大气污染物或者水污染物的浓度值低于国家和地方规定的污染物排放标准百分之三十的，减按百分之七十五征收环境保护税。纳税人排放应税大气污染物或者水污染物的浓度值低于国家和地方规定的污染物排放标准百分之五十的，减按百分之五十征收环境保护税。 第十条 环境保护税法第十三条所称应税大气污染物或者水污染物的浓度值，是指纳税人安装使用的污染物自动监测设备当月自动监测的**应税大气污染物浓度值的小时平均值再平均所得数值或者应税水污染物浓度值的日平均值再平均所得数值**，或者监测机构当月监测的应税大气污染物、水污染物浓度值的平均值。 依照环境保护税法第十三条的规定减征环境保护税的，前款规定的应税大气污染物浓度值的小时平均值或者应税水污染物浓度值的日平均值，以及监测机构当月每次监测的应税大气污染物、水污染物的浓度值，**均不得超过国家和地方规定的污染物排放标准**	1.《中华人民共和国环境保护税法》 2.《中华人民共和国环境保护税法实施条例》
3	纳税人自己监测的浓度值与监测机构监测的浓度值不符，容易产生税收风险		
4	两个浓度值有一个超过国家和地方规定的污染物排放标准，即不可享受税收优惠		
5	在适用此条税收优惠时，纳税人提供的浓度值与监测机构提供的浓度值不一致的，应以监测机构的数据为依据	第十三条 纳税人排放应税大气污染物或者水污染物的浓度值低于国家和地方规定的污染物排放标准百分之三十的，减按百分之七十五征收环境保护税。纳税人排放应税大气污染物或者水污染物的浓度值低于国家和地方规定的污染物排放标准百分之五十的，减按百分之五十征收环境保护税。 第二十一条 纳税人申报的污染物排放数据与环境保护主管部门交送的相关数据不一致的，按照环境保护主管部门交送的数据确定应税污染物的计税依据	1.《中华人民共和国环境保护税法》 2.《中华人民共和国环境保护税法实施条例》

续表

序号	风险点描述	风险点注释	政策法规名称
6	未对每一排放口的不同应税污染物分别计算，无法适用此条税收优惠	第十三条　纳税人排放应税大气污染物或者水污染物的浓度值低于国家和地方规定的污染物排放标准百分之三十的，减按百分之七十五征收环境保护税。纳税人排放应税大气污染物或者水污染物的浓度值低于国家和地方规定的污染物排放标准百分之五十的，减按百分之五十征收环境保护税。 第十一条　依照环境保护税法第十三条的规定减征环境保护税的，应当对每一排放口排放的不同应税污染物分别计算	1.《中华人民共和国环境保护税法》 2.《中华人民共和国环境保护税法实施条例》
7	依法设立的生活垃圾焚烧发电厂、生活垃圾填埋场、生活垃圾堆肥厂，属于生活垃圾集中处理场所，其排放应税污染物不超过国家和地方规定的排放标准的，依法予以免征环境保护税。（没有排放口或超过国家标准不减征）	二、关于税收减免适用问题：依法设立的生活垃圾焚烧发电厂、生活垃圾填埋场、生活垃圾堆肥厂，属于生活垃圾集中处理场所，其排放应税污染物不超过国家和地方规定的排放标准的，依法予以免征环境保护税。纳税人任何一个排放口排放应税大气污染物、水污染物的浓度值，以及没有排放口排放应税大气污染物的浓度值，超过国家和地方规定的污染物排放标准的，依法不予减征环境保护税	《关于环境保护税应税污染物适用等有关问题的通知》
8	声源一个月内累计昼间超标不足15昼或者累计夜间超标不足15夜，**分别减半计算应纳税额**	四、关于应税噪声应纳税额的计算问题 应税噪声的应纳税额为超过国家规定标准分贝数对应的具体适用税额。噪声超标分贝数不是整数值的，按四舍五入取整。一个单位的同一监测点当月有多个监测数据超标的，以最高一次超标声级计算应纳税额。声源一个月内累计昼间超标不足15昼或者累计夜间超标不足15夜的，分别减半计算应纳税额	《关于环境保护税有关问题的通知》

6.1.5 台账管理

台账管理风险点如表6-5所示。

表6-5　　　　台账管理风险点梳理

序号	风险点描述	风险点注释	政策法规名称
1	排污单位应当按照排污许可证中关于台账记录的要求，根据生产特点和污染物排放特点，按照排污口或者无组织排放源进行记录。主要记录：与污染物排放相关的**主要生产设施运行情况、污染防治设施运行情况及管理信息、污染物实际排放浓度和排放量**	**第三十五条**　排污单位应当按照排污许可证中关于台账记录的要求，根据生产特点和污染物排放特点，按照排污口或者无组织排放源进行记录。记录主要包括以下内容： （一）与污染物排放相关的主要生产设施运行情况；发生异常情况的，应当记录原因和采取的措施； （二）污染防治设施运行情况及管理信息；发生异常情况的，应当记录原因和采取的措施； （三）污染物实际排放浓度和排放量；发生超标排放情况的，应当记录超标原因和采取的措施； （四）其他按照相关技术规范应当记录的信息	《排污许可管理办法（试行）》
2	台账记录保存期限不符合要求	台账记录保存期限不少于三年	《排污许可管理办法（试行）》

6.1.6 生态环境监测机构的资质管理

生态环境监测机构风险点如表6-6所示。

表 6-6　　　　　　生态环境监测机构风险点梳理

序号	风险点描述	风险点注释	政策法规名称
1	生态环境监测机构应确保其出具的监测数据准确、客观、真实、可追溯	**第五条**　生态环境监测机构应建立防范和惩治弄虚作假行为的制度和措施，确保其出具的监测数据准确、客观、真实、可追溯。生态环境监测机构及其负责人对其监测数据的真实性和准确性负责，采样与分析人员、审核与授权签字人分别对原始监测数据、监测报告的真实性终身负责	《检验检测机构资质认定生态环境监测机构评审补充要求》
2	中级及以上专业技术职称或同等能力的人员数量应不少于生态环境监测人员总数的 **15%**	**第六条**　生态环境监测机构应保证人员数量及其专业技术背景、工作经历、监测能力等与所开展的监测活动相匹配，中级及以上专业技术职称或同等能力的人员数量应不少于生态环境监测人员总数的 15%	《检验检测机构资质认定生态环境监测机构评审补充要求》
3	生态环境监测机构**技术负责人**应具备**中级及以上**专业技术职称或同等能力，且具有从事生态环境监测相关工作 **5 年以上的经历**	**第七条**　生态环境监测机构技术负责人应掌握机构所开展的生态环境监测工作范围内的相关专业知识，具有生态环境监测领域相关专业背景或教育培训经历，具备中级及以上专业技术职称或同等能力，且具有从事生态环境监测相关工作 5 年以上的经历	《检验检测机构资质认定生态环境监测机构评审补充要求》
4	生态环境监测机构**授权签字人**应具备**中级及以上**专业技术职称或同等能力，且具有从事生态环境监测相关工作 **3 年以上经历**	**第八条**　生态环境监测机构授权签字人应掌握较丰富的授权范围内的相关专业知识，并且具有与授权签字范围相适应的相关专业背景或教育培训经历，具备中级及以上专业技术职称或同等能力，且具有从事生态环境监测相关工作 3 年以上经历	《检验检测机构资质认定生态环境监测机构评审补充要求》
5	生态环境检测机构**质量负责人**应具备相关专业知识，且熟悉该领域的质量管理要求	**第九条**　生态环境监测机构质量负责人应了解机构所开展的生态环境监测工作范围内的相关专业知识，熟悉生态环境监测领域的质量管理要求	《检验检测机构资质认定生态环境监测机构评审补充要求》

第6章　石油石化行业环境保护税缴纳中的风险点梳理

续表

序号	风险点描述	风险点注释	政策法规名称
6	生态环境检测人员应该经过系统培训,掌握与岗位相适应的各项知识	第十条　生态环境监测人员应符合下列要求: (一)掌握与所处岗位相适应的环境保护基础知识、法律法规、评价标准、监测标准或技术规范、质量控制要求,以及有关化学、生物、辐射等安全防护知识; (二)承担生态环境监测工作前应经过必要的培训和能力确认,能力确认方式应包括基础理论、基本技能、样品分析的培训与考核等	《检验检测机构资质认定生态环境监测机构评审补充要求》
7	生态环境监测机构的**管理体系**应全面覆盖所有的检测活动	第十三条　生态环境监测机构应建立与所开展的监测业务相适应的**管理体系**。管理体系应覆盖生态环境监测机构全部场所进行的监测活动,包括但不限于点位布设、样品采集、现场测试、样品运输和保存、样品制备、分析测试、数据传输、记录、报告编制和档案管理等过程	《检验检测机构资质认定生态环境监测机构评审补充要求》
8	生态环境监测机构在**分包业务时**,应事先征得客户的同意,并确认分包方的资质和能力,规定不能进行二次分包	第十五条　有**分包事项**时,生态环境监测机构应事先征得客户同意,对分包方资质和能力进行确认,**并规定不得进行二次分包**。生态环境监测机构应就分包结果向客户负责(客户或法律法规指定的分包除外),应对分包方监测质量进行监督或验证	《检验检测机构资质认定生态环境监测机构评审补充要求》

6.1.7　纳税申报的风险分析

纳税申报的风险点如表6-7所示。

表6-7　　　　　　　　　　纳税申报风险点梳理

序号	风险点描述	风险点注释	政策法规名称
1	**纳税申报数据资料**应准确填写，且与环境保护主管部门的数据保持一致	第十八条　环境保护税按月计算，按季申报缴纳。不能按固定期限计算缴纳的，可以按次申报缴纳。 纳税人申报缴纳时，应当向税务机关报送所排放应税污染物的种类、数量，大气污染物、水污染物的浓度值，以及税务机关根据实际需要要求纳税人报送的其他纳税资料	《中华人民共和国环境保护税法》
2	未按期进行纳税申报，造成税收滞纳金或罚款	第十九条　纳税人按季申报缴纳的，应当自季度终了之日起十五日内，向税务机关办理纳税申报并缴纳税款。纳税人按次申报缴纳的，应当自纳税义务发生之日起十五日内，向税务机关办理纳税申报并缴纳税款	《中华人民共和国环境保护税法》
3	纳税申报数据资料异常或者未按照规定期限办理纳税申报，导致税务机关提请环境保护主管部门进行复核以至于税务机关调整纳税人的应纳税额	第二十条　税务机关应当将纳税人的纳税申报数据资料与环境保护主管部门交送的相关数据资料进行比对。 税务机关发现纳税人的纳税申报数据资料异常或者纳税人未按照规定期限办理纳税申报的，可以提请环境保护主管部门进行复核，环境保护主管部门应当自收到税务机关的数据资料之日起十五日内向税务机关出具复核意见。税务机关应当按照环境保护主管部门复核的数据资料调整纳税人的应纳税额。 第二十一条　纳税人申报的污染物排放数据与环境保护主管部门交送的相关数据不一致的，按照环境保护主管部门交送的数据确定应税污染物的计税依据	1.《中华人民共和国环境保护税法》 2.《中华人民共和国环境保护税法实施条例》
4	未按规定妥善保管应税污染物监测和管理的有关资料	第二十五条　纳税人应当按照税收征收管理的有关规定，妥善保管应税污染物监测和管理的有关资料	《中华人民共和国环境保护税法实施条例》

续表

序号	风险点描述	风险点注释	政策法规名称
5	纳税人申报缴纳**应税固体废物**的环保税时，应当向税务机关报送应税固体废物的**产生量、贮存量、处置量和综合利用量**，同时报送能够证明固体废物流向和数量的**纳税资料**	三、关于应税固体废物排放量计算和纳税申报问题中规定： 纳税人申报纳税时，应当向税务机关报送应税固体废物的产生量、贮存量、处置量和综合利用量，同时报送能够证明固体废物流向和数量的纳税资料，包括固体废物处置利用委托合同、受委托方资质证明、固体废物转移联单、危险废物管理台账复印件等。有关纳税资料已在环境保护税基础信息采集表中采集且未发生变化的，纳税人不再报送。纳税人应当参照危险废物台账管理要求，建立其他应税固体废物管理台账，如实记录产生固体废物的种类、数量、流向以及贮存、处置、综合利用、接收转入等信息，并将应税固体废物管理台账和相关资料留存备查	《关于环境保护税有关问题的通知》

6.2 环境保护税风险指标管理*
——基于税务部门风险管理指标的运用

主管税务机关对环保税缴纳风险的识别也为纳税人识别、管控纳税风险提供了指引。相关风险管理指标如表6-8所示。

表6-8　　　　环境保护税风险管理指标

指标名称	计算方法	指标运用
排放量异常	（环保部门提供的检测（核定）排放量－纳税人自行申报排放量）/环保部门提供的检测（核定）排放量	如果预警值小于5%时为低风险，在5%到20%时为中风险，大于20%时为高风险；排放量异常，可能存在申报排放量不实

* 国家税务总局财产行为税司. 环境保护税政策和征管业务指南［M］. 北京：中国税务出版社，2018.

续表

指标名称	计算方法	指标运用
排放污染物当量异常	纳税人自行申报排放污染当量 - 环保部门提供的检测（核定）排放物污染当量	小于 0 时，纳税申报的当量异常，可能存在少申报税款；等于 0 时，申报数据正常；大于 0 时，环保局提供排放当量数据偏少或者设备检测异常，该风险直接推送到环保局
应纳税额异常	（根据环保提供的数据计算的应纳税额 - 纳税人自行申报税额）/根据环保提供的数据计算的应纳税额×100%	0~5% 时，低风险；5%~20% 时，中风险；大于 20%，高风险；可能存在申报不实。小于 0 时，环保局提供的数据可能存在问题
排放量或税率异常引起应纳税额异常	环保部门提供的检测排放量（核定）×当量单价 - 纳税人自行申报排放量或当量×税率	当预警值大于 0 时，环保局提供的排放当量数据可能偏小；预警值等于 0 时，纳税人自行申报排放量或者当量正常；当预警值小于 0 时，纳税人自行申报排放量或者当量可能异常
申报污染物种类异常	环保局提供的企业的污染物种类 ≠ 纳税人自行申报的污染物种类	纳税人申报的污染种类可能不实
纳税人污染物排放量或当量异常（上年同期比）	（纳税人当期申报的应税污染物排放量 - 上年同期申报的应税污染物排放量）/上年同期申报的应税污染物排放量×100%	纳税人当期申报的应税污染物排放量，预警值在 0~15% 时，属于低风险；预警值在 15%~45% 时，属于中度风险；预警值大于 45% 时，属于高风险
纳税人污染物排放量或当量异常（上期比）	（纳税人当期申报的应税污染物排放量 - 上期申报的应税污染物排放量）/上期申报的应税污染物排放量×100%	纳税人当期申报的应税污染物排放量与上期相比，预警值在 0~15% 时，属于低风险；预警值在 15%~45% 时，属于中度风险；预警值大于 45% 时，属于高风险
环保税占生产成本比例的变动率（与上期比适用建账企业）	（本期缴纳环保税/本期生产成本 - 上期行业缴纳环保税/上期生产成本）/（上期行业缴纳环保税/上期生产成本）	变动率异常，可能存在申报不实的情况

续表

指标名称	计算方法	指标运用
环保税应纳税额增长率（与上期比）	环保税应纳税额增长率＝（本期应纳税额－上期应纳税额）/上期应纳税额×100%	如果预警值在－20%~0时，属于低风险；预警值在－20%~－40%时，属于中度风险；预警值小于－40%时，属于高风险
环保税应纳税额增长率（与上年同期比）	环保税应纳税额增长率＝（本期应纳税额－上年同期应纳税额）/上年同期应纳税额×100%	如果预警值在－20%~0时，属于低风险；预警值在－20%~－40%时，属于中度风险；预警值小于－40%时，属于高风险
纳税人单位产品污染物排放量异常	纳税人单位产品污染物排放量－行业平均值/行业平均值×100%	适用行业煤炭、非煤、砂石矿企业，纳税人单位产品污染物排放量＝纳税人申报的污染物排放量或当量（环保局交换污染物物排放量或当量两者取大）/产品的产量（销量）；行业平均值（区县级）＝本区县该行业所有纳税人申报的污染物排放量或当量（环保局交换污染物物排放量或当量两者取大）/本区县所有产品的产量（销量）；如果预警值在0~10%时，属于低风险；预警值在－10%~30%时，属于中度风险；预警值大于30%时，属于高风险
同行业纳税人环保税税负比	（纳税人申报的环保税税负－环保税行业平均税负）/环保税行业平均税负×100%	大于或者小于1，申报的税负可能异常，纳税人申报的环保税税负＝纳税人缴纳的环保税/销售收入；环保税行业平均税负＝该区县该行业所有纳税人缴纳的环保税总和/该区县该行业所有纳税人销售收入总和；如果预警值在0~10%时，属于低风险；预警值在－10%~30%时，属于中度风险；预警值大于30%时，属于高风险

续表

指标名称	计算方法	指标运用
化工行业污水排放税负与行业平均值	（纳税人（化工企业）污水环保税/排放当量－该区县化工行业纳税人污水环保税量总和/该区县化工行业排放当量总和）/（该区县化工行业纳税人污水环保税量总和/该区县化工行业排放当量总和）	预警区间（－20%～0，属于低风险，－20%～－40%，属于中风险，小于－40%，属于高风险）
单位产品的固体废物排放量与行业平均值之间的差异（矿产品类）	（固体废物/产量或销量－行业平均值）/行业平均值×100%	行业平均值＝该区县该行业纳税人排放固体废物的总和/该区县该行业纳税人的产量或者销量总和；预警区间(0～10%，属于低风险，10%～30%属于中风险，大于30%，属于高风险)
环保局提供的污染物排放当量数异常	纳税人自行申报的污染物排放当量数－环保局提供的污染排放当量数＞0	环保局提供的污染物排放当量数可能存在异常
环保局提供纳税人用户异常	该区县所有纳税人自行申报的数量总和－该区县环保局提供的所有纳税人数量总和＞0	该区县环保局提供的排放污染物的纳税人数量可能存在异常
污染物类型异常	纳税人自行申报的主要污染物数量－环保局提供的纳税人主要污染物数量	如果大于0时，说明环保局的检测设备可能存在异常或者环保局提供数据可能存在异常；小于0时，纳税人自行申报的主要污染物类型数量可能存在异常
污染物浓度异常	纳税人自行申报的污染物浓度－环保局提供的纳税人污染物浓度	如果大于0时，说明环保局的检测设备可能存在问题或者环保局提供数据可能存在异常；小于0时，纳税人自行申报的污染物浓度可能存在异常
排放方式异常	纳税人自行申报的污染物排放方式≠环保局提供的纳税人排放方式	纳税人的自行申报的排放方式可能存在异常

续表

指标名称	计算方法	指标运用
排放去向异常	纳税人自行申报的污染物排放去向≠环保局提供的纳税人排放去向	纳税人的自行申报的排放去向可能存在异常
污染物监控装置异常	纳税人自行申报的污染物排放装置位置型号等与环保局提供的纳税人污染物排放装置位置型号等不一致	纳税人的排污口装置可能存在重大的变更调整
用、排水情况异常	纳税人自行申报的用、排水情况与第三方的用排水情况不一致	用排水情况：包括新鲜用水情况、循环用水情况、排水情况；纳税人自行申报的用、排水情况可能有误
改建扩建项目	纳税人自行申报的改建扩建项目与环保局提供的改建扩建项目不一致	纳税人自行申报的改建扩建项目申报可能异常、环保局提供的改建扩建项异常
排污（产污）系数数值异常变动	（N月排污（产污）/N+1月排污（产污）系数）−1＞0	纳税人采用排污系数法计算污染物排放量的，存在同一排口、同一污染物在不同的月份采用不同的排污（产污）系数的情况，可能导致申报的应税污染物排放量不准确，存在无法准确计算环保税额的风险

6.3 环境保护税申报重点风险 ——基于调研的分析

通过对部分石油石化企业环保税申报情况的调研，石油石化企业存在的重点风险包括以下几方面。

6.3.1 应税大气污染物

漏报应税污染排放口，根据现场评估分析，存在对部分污染排放口进行了按期监测，未按期进行环保税纳税申报，存在部分月份漏报应税污染排放口，少缴纳税款情况。

漏报应税事项，如火炬放空，对检修期间关启停等异常放空量情况，未进行环保税纳税申报。

由于未关注污染排放导致未进行纳税申报，如天然气压缩机排放口，出现对排放口未监测、未申报环境保护税情况。同时，天然气压缩机设备陈旧、老化，经常会出现燃烧不充分、一氧化碳等污染因子超标情况，因此也会涉及环保违法处罚风险。

漏报污染因子，根据监测报告结果分析，存在只申报了监测值较高的氮氧化物，对二氧化硫、烟尘监测值较小的未进行纳税申报情况。未按照污染当量数从大到小排序，对前三项污染物征收环境保护税。

存在未按照税法规定的方法和顺序纳税申报。目前油气田企业对大气污染物多数采用排污系数法计算申报环保税，但同时也存在体系内环境监测部门（有CMA监测资质）对各二级单位进行定期抽查监测，按半年、季、月监测频率各不相同；部分单位对大型锅炉、硫磺回收尾气排放等还安装了在线自动监测设备，但基本上还是采用排污系数法申报环保税，存在未按照税法规定计算方法和顺序（自动监测—监测机构—排污系数法、物料衡算—税务核定）进行纳税申报，主要原因大家一致认为排污系数计算申报相对简单方便。

使用排污系数法计算是在污染因子达标情况下的系数取数计算，若监测浓度超过标准，可能存在使用排污系数是否合理的疑问。现场评估中根据监测报告发现在天然气压缩机、脱硫装置等设备陈旧老化、燃烧不充分时都会出现污染物超标情况。

不符合税法规定享受环保税收优惠政策。按照税法规定，采用监测机构出具的监测数据申报减免环境保护税的，应当取得申报当月的监测数据，当月无监测数据的，不予减免环境保护税。现场风险评估中发现，很少部分企业对大气污染采用了监测机构方法计算申报环保税，但存在监测机构监测数据监测频率不够，按月监测不能全面覆盖在用设备，因此存在不应享受环保税减免错误申报，少缴纳环保税的风险。

税收优惠减免明细表应税大气污染物是按照低于规定浓度值的多少判

定是否享受税收减免，有些污染物排污许可证规定的排放标准是排放速率，两者间如何换算才能充分享受优惠减免，需要明确。

6.3.2 应税水污染物

1. 未按税法规定进行污染因子排序填报

目前油气田企业对水污染物基本上统一采用了监测机构监测（部分单位已安装了在线监测设备）方法进行申报纳税。

根据某油气田企业生活污水监测报告分析，应税水污染因子应该有：化学需氧量、氨氮、生化需氧量、悬浮物、总磷、石油类、挥发酚、总铬、硫化物等。查看某单位某月份监测数据发现悬浮物在超标30，若按照监测报告全部应税污染因子当量数排序计算，悬浮物应该排在二类水申报前三项内，但在环保税申报中未体现申报该项污染因子，存在未按照监测报告全部应税污染因子计算当量数进行排序申报，造成纳税申报不准确的纳税风险。

2. 存在多申报一项应税污染因子，多缴纳税款情况

部分单位生活污水二类水基本上都申报了化学需氧量、氨氮、石油类、总磷或化学需氧量、悬浮物、氨氮、总磷四项污染因子，存在多申报一项污染因子多缴纳税款情况。

3. 未按照最新监测数据进行纳税申报

现场评估中发现，某单位水污染物浓度值纳税申报从2018年4月至2019年3月始终在使用一份监测报告数值在填报，没有根据当月或当季最新监测报告变动进行环保税的填报，存在纳税申报不准确的纳税风险。

6.3.3 噪声

目前油气田企业涉及噪声较少，大部分油田作业区都远离城市市区，多在空旷区、沙漠、戈壁等地，由于基本不扰民，未涉及环保税缴纳。

少部分企业涉及周边有居民生活区，进行了厂界噪声监测及环保税的申报缴纳。

6.3.4 固体废物

固废纳税申报存在零申报或不申报，不符合纳税申报要求。

目前油气田企业在环保税纳税申报时，由于企业理解为固废都已进行了处置，加之有些固废（如油泥沙）产生量很难计算、处置期的不确定（及时拉运、半年、一年）等原因，对应税固体废物产生量、本月固体废物贮存量、固体废物处置量、应税固体废物排放量基本上是零申报或者未申报填写处理，存在申报不合规。实际上企业固废存在外委处理、自己处理、暂存等多种情况。

有些企业固废申报中只申报危险废物，不申报其他固废；环保税法规定危险废物税率以吨为计量单位缴纳环保税，以其他单位为计量标准的危险废物，没有换算关系的，如何计算缴纳环保税，尚不明确。

由于处理能力跟不上（如处理量有限，或者无有资质的处置单位），导致暂存固废多年不能及时处理情况。如果固废处置能力跟不上，不能及时处置时可能存在环保税务检查补税风险。

环保法律规定：贮存危险废物必须采取符合国家环境保护标准的防护措施，并不得超过一年；确需延长期限的，必须报经原批准经营许可证的环境保护行政主管部门批准；法律、行政法规另有规定的除外。

固体废物（包括危险废物）贮存、处置的设施、场所，如不符合国家环境保护标准，同时存在环保及税务处罚风险。

第 7 章

环境保护税制度变化的风险分析及应对

7.1 税费制度转换的风险分析

排污费制度是环境保护税的立法渊源。环境保护税延续了排污收费制度的基本框架，但也有变更与调整，把握这些变更与调整是企业规避纳税风险的重要内容。

由表 7-1 可以看出，环保税属于依靠国家强制力征收的税收，而排污费是行政收费，二者在性质上有着显著的不同。二者征税范围基本相同，但需要注意的是以往征收排污费的石油化工及包装印刷行业 VOCs、建筑噪声不在环保税的征收范围之内。但是，《环境保护税法》第九条规定，每一排放口或者没有排放口的应税大气污染物，按照污染当量数从大到小排序，对前三项征收环保税，意味着无组织排放也应当征收环保税，涉及大气污染物当量值表中的 14 个污染物：苯、甲苯、二甲苯、丙烯醛、甲醇、酚类、苯胺类、氯苯类、硝基苯、丙烯氢、二甲二硫、苯乙烯、二硫化碳、苯并芘。

表7-1　　　　　　环保税与排污费主要制度差异对比

分类	排污费	环保税
性质	行政收费，依行政法规设定	依法设定，靠国家强制力征收
纳税人	直接向环境排放污染物的单位和个体工商户	直接向环境排放应税污染物的企业事业单位和其他生产经营者
征收范围	污水、废气、固体废物及危险废物和噪声	应税污染物包括大气污染物、水污染物、固体废物和工业噪声
	排污费的征缴大部分以有组织排放为主，无组织排放的基本未予考虑	无组织排放污染物应征收环保税
征税项目	污水、废气都按污染当量排序前三项收费	大气污染物：按照污染当量数从大到小排序，对前三项污染物征收环境保护税；第一类水污染物前五项征税，其他水污染物前三项征税
适用计算标准	污水排污费：每污染当量0.7元；废气排污费：每污染当量0.6元；固体废物及危险废物排污费：固体废物按照不同种类每吨5~30元，危险废物填埋每次每吨1 000元；噪声排污费：按超标分贝数每月350~11 200元	大气污染物：每污染当量1.2~12元；水污染物：每污染当量1.4~14元，第一类水污染物前五项征税，其他水污染物前三项征税；固体废物：按照不同种类每吨5~1 000元；噪声：按超标分贝数每月350~11 200元
征管方式	环境保护行政主管部门核定	纳税人自行申报、税务征收、环保协同、信息共享
中央地方收入分成	中央地方1:9分成	环保税收入全归地方所有
收入资金用途	纳入财政预算，全部专项用于环境污染防治	纳入一般预算

固体废物的征收范围也有变化，排污费只对危险废物征收，环保税将一般固体废物也纳入征收范围，对一般固体废物和危险废物排放均征收环保税。

噪音的环保税征税范围较排污费缩小，只对工业噪声征税，不再对建筑噪声征税。

另外，在计算排污费时，污水和废气按照污染当量数多少排序的前三项收费；征收环保税时，大气污染物和其他水污染物依旧是对前三项征税，但是对第一类水污染物的前五项征税。较之排污费的计算标准，环保税在计算时部分污染物每当量征收标准有所提升，但是环保税设置了五项免税规定和两档减税优惠，以发挥环保税的税收激励引导作用。

从征管方式来看，排污费由环保部门负责，而环保税则是税务部门征收，环保部门负责协助。从征收层面来看，环保税的征管有赖于税务和环保部门的协作配合，而从企业环保税申报管理来看，企业内部也需要财务部门与安环部门的紧密配合，只有部门之间建立顺畅、紧密的配合机制，才能防止出现环保税风险管理的真空期，有效降低环保税纳税风险，避免出现补税，面临滞纳金及罚款的情形。

7.2 环保税相关制度变化趋势前瞻性风险分析及应对

环保税制度推出后，会随变化和要求不断改进和完善，企业也应提前关注政策走向，防范制度变化可能引发的风险。VOCs 和碳税是否会纳入环保税征税范围是企业应该重点关注的制度变化风险。

7.2.1 环保税与 VOCs

VOCs（Volatile Organic Compounds），即特定条件下具有挥发性的有机化合物的统称。我国对主要污染物的管理、控制也是一个渐进的过程，从二氧化硫到氮氧化物，近几年随着雾霾频发对 VOCs 的监管逐步在国家层面受到重视。《挥发性有机物污染防治技术政策》《重点行业挥发性有机物削减行动规划》《挥发性有机物排污收费试点办法》等政策法规及细则陆续出台。2016 年初，VOCs 被首次纳入重点区域、重点行业总量控制指标。

费改税前,《财政部 国家发展改革委 环境保护部关于印发〈挥发性有机物排污收费试点办法〉的通知》规定了石油化工行业和包装印刷行业 VOCs 排污费的征收办法。陆续有多个省市对试点行业 VOCs 征收排污费,试点行业主要集中在家具制造、包装印刷、石油化工、汽车制造、电子行业、船舶制造等重点排放企业。很多地方还采取差别化政策,采用对环保"领跑者"减半,环保违法者加倍征收等。

现行环境保护税法所附的大气污染物污染当量值表中 44 项污染因子中,虽有部分污染因子属于 VOCs 范围,但挥发性有机化合物未整体纳入征税范围,环保税开征后,各地的 VOCs 排污费按要求停征,使各地对 VOCs 的管控出现倒退,也出现部分排污企业因 VOCs 排污费停征,出现费改税后负担大幅度下降的不合理现象。

如前所述,VOCs 减排在国家层面受到重视。《挥发性有机物污染防治技术政策》《重点行业挥发性有机物削减行动规划》《挥发性有机物排污收费试点办法》等政策法规及细则陆续出台。2016 年初,VOCs 被首次纳入重点区域、重点行业总量控制指标。环保税开征时未将 VOCs 纳入征收范围,一方面削弱了对其排放的调控和减排引导作用,也使试点征收 VOCs 排污费的地区税收收入较排污费收入出现下降的情况。环保税收入全部归地方所有,地方政府从收入角度考虑存在对 VOCs 征税的积极动因,从重点污染物减排的调节功能和增加地方环保税收入角度出发,VOCs 纳入环保税征收范围应是环保税立法修订的可能内容之一。

石油化工企业的 VOCs 具有污染物种类多、排放点分布广、量化难度高等特点,企业应提前准备,积极应对。针对主要排放源储罐、装置泄露、废水处理、火炬、燃烧过程、工艺加热、工艺单元、装卸以及冷却塔等,根据其不同特点,采取相应的应对措施。

鉴于石化企业挥发性有机物排放量的估算方法对应纳税额影响很大,企业应积极探索科学的估算方式,增加测算方法方面的话语权。对于工艺加热、工艺单元等排放的 VOCs 主要通过有组织排放源的监测来计算排放量。储罐排放量的估算方法主要有:《散装液态石油产品损耗》《石油库节能设计导则》中的推荐方法、无组织排放现场监测反算法、排放系数法(CONCAWE 系数、EPA 系数、加拿大和英国)和美国 EPA 推荐的 TANK

软件法等。装置泄漏是减排的重要环节，主要采用系数法，可借鉴各国及行业相关设备泄漏系数进行估算，如美国 EPA Protocol for Equipment Leak Emission Estmates 等。鉴于国内外设备情况差距较大，实际估算过程中可借鉴系数法的同时，实测具有代表性的企业运行设备的 VOCs 泄漏情况，然后进行系数修正。火炬非正常排放产生污染物量较大，主要根据非正常运行时间及工况进行计算。[①]

7.2.2 环保税与碳交易

石油石化行业是碳排放量较大的行业，碳价格机制会对行业效益产生影响，未来会采用何种碳价格机制也是行业长期关注的问题。是否将二氧化碳纳入环保税征收范围是长期争议的一个焦点问题。本书将从我国政府对二氧化碳减排的决心、经济手段的选择运用角度对此问题加以分析。

1. 政府层面的减排决心

气候变暖对经济发展乃至人类生存有重大影响，如何应对气候变暖已成为各国政府及国际组织关注的一个热点问题，并且日益成为国际政治的一个重要议题。由于各国在气候问题上的利益、立场不同，气候谈判的过程曲折复杂，围绕碳排放的政治博弈中，大致形成了欧盟、伞形集团、发展中国家（77国集团+中国）三股力量。[②] 应对气候变化的复杂博弈使碳减排措施越来越受到重视，碳税作为有效的应对气候变化的措施，成为各种力量争夺气候谈判话语权的重要手段之一。如欧盟是世界上最早主动推行碳税的地区，为其在全球温室气体减排中赢得了良好的形象，使其在"碳政治"的博弈中赢得主动。从策略角度考虑，中国应积极参与建立新的低碳经济的国际机制，避免被动。

我国积极参与全球环境治理，已批准加入30多个与生态环境有关的多边公约或议定书，在《蒙特利尔议定书》框架下，累计淘汰消耗臭氧

---

① 王鹏. 石化企业挥发性有机物排放源及排放量估算探讨 [J]. 石油化工安全环保技术，2013（29）：59 – 62.
② 哥本哈根气候变化大会，为明天而"战"，央视网，2009年12月7日.

层物质占发展中国家淘汰量的一半以上。在 2015 年的巴黎气候大会上提出的"国家自主贡献"中承诺，将于 2030 年左右使二氧化碳排放达到峰值并争取尽早实现，2030 年单位国内生产总值二氧化碳排放比 2005 年下降 60%~65%。率先发布《中国落实 2030 年可持续发展议程国别方案》，向联合国交存《巴黎协定》批准文书，2016 年，在第二届联合国环境大会上，联合国环境署发布《绿水青山就是金山银山：中国生态文明战略与行动》报告，全面介绍中国生态文明建设的行动与成效，认为"中国是全球可持续发展理念和行动的坚定支持者和积极实践者"。2018 年 5 月 18~19 日，习近平出席全国生态环境保护大会并发表重要讲话，提出"引导应对气候变化国际合作，成为全球生态文明建设的重要参与者、贡献者、引领者"，既诠释了我国近年来在应对气候变化方面所做的贡献，又对未来需要付出的努力提出了要求。

2. 政策手段分析 – 碳税与碳交易的选择

碳税与碳交易都是二氧化碳减排的重要手段，二者理论依据、作用机理都不同，在政策实施、政策效果方面也存在差异，对比分析情况如表 7-2 所示。

表 7-2　　　　　　　　　　碳税与碳交易对比分析

	分析内容	碳税	碳交易
政策执行（政策制定者角度）	开展难易程度	易	难
	操作成本	低	高
政策执行（企业角度）	碳价格	稳定	波动较大
	可调整性	较低	低
	透明度	高	低
	公平性	高	低
政策效果	温室气体减排总量	不确定	确定
	财政收入	归政府所有	无财政收入或少量财政收入
	对能源密集型企业的影响	大	大
	经济预期	较容易预期	不容易预期
	间接效果	产生"双重红利"	催生碳金融市场

碳税和碳交易制度各有利弊，碳税对经济的影响小、实施成本较低、具有公平性；碳交易具有控制排放总量、灵活性强以及催发碳金融市场等优势，且能够较好地与国际市场接轨。两种手段的运用具有一定的灵活性，可以二者选其一，也可以在不同的阶段使用不同的方式，或者同时使用两种方式相互补充。从国际实践看，在碳减排的起步阶段，丹麦、瑞典等国征收碳税，对减少二氧化碳排放方面起到了重要的推动作用，随着欧盟 ETS 交易系统在欧洲影响范围的扩大以及美国排污权交易市场的不断发展，国际上逐渐形成以几大碳交易市场为核心的格局，参与碳交易的国家逐渐增加，为了保持在国际上的竞争力，已开征碳税的国家对被交易系统覆盖的行业通常实行税收减免。据世界银行发布的数据，现已有 45 个国家、25 个国内行政区域通过碳市场或碳税实行了碳价机制，涉及全球碳排放的 20%。

我国于 2010 年正式提出实行碳排放交易制度，2011 年 11 月确认了 7 个试点省市，2013 年 6 月，国内首个碳排放权交易平台在深圳启动，2017 年 12 月，正式印发《全国碳排放权交易市场建设方案（发电行业）》，标志着全国碳排放交易体系完成了总体设计并正式启动。2019 年 4 月 3 日，生态环境厅公布了《碳排放权交易管理暂行条例（征求意见稿）》，碳交易立法迈出重要的一步。

从交易额来看，截至 2018 年底，我国碳排放交易额累计超过 110 亿元，其中交易额最多的是湖北碳排放交易所，占比 66.51%；其次是深圳碳排放交易所，交易额占比 13.34%；福建碳排放交易所、天津碳排放交易所和重庆碳排放交易所截至目前的交易额占比也相对较小，分别为 1.31%、0.66% 和 2.32%。根据前瞻产业研究院对 2018 年主要碳排放交易市场交易价格的汇总，对比过去几年的累计可以看出，除了交易量较小的天津和重庆，其余几个交易所的价格基本保持在 23 元/吨左右，其中最高的是北京碳排放交易所，达到 52.72 元/吨。

通过上述对比分析我国应对气候变化的决心、碳交易与碳税的对比分析以及国内外具体运用情况的分析，本书认为，我国对碳减排持积极态度，未来在碳交易与碳税的减排手段选择上，仍然会以碳交易手段为主，对碳交易不能覆盖的行业企业，由于以小微企业为主，在近年来减税降负的大背景下,近期纳入环保税征税范围的可能性不大,即使将二氧化碳象征性地纳入环保税征收范围,按照国际通行做法,征税时一般也会将已实施碳交易的项目排除在外。《国家发展改革委办公厅关于切实做好全国碳排放权交易市场启动重点工作的通知》已将石化行业重点企业纳入全国碳排放权交易市场第一阶段的覆盖范围。因此,企业近期重点应积极研究应对碳交易减排机制带来的影响。需要注意的是,根据《碳排放权交易管理暂行条例(征求意见稿)》,温室气体是指大气中吸收和重新放出红外辐射的自然和人为的气态成分,包括二氧化碳、甲烷、氧化亚氮、氢氟碳化物、全氟化碳、六氟化硫和三氟化氮。因此,企业除了关注二氧化碳排放以外,也应关注其他温室气体的排放及交易。

7.2.3 做好与排污许可证管理的协调

2016年11月,环保部副部长赵英民解读国务院办公厅印发的《控制污染物排放许可制实施方案》,实施方案重点要解决的第一个问题:通过改革污染物排放许可制,要建立精简高效、衔接顺畅的固定源环境管理制度体系。将排污许可制建设成为固定污染源环境管理的核心制度,衔接环评制度,整合总量控制制度,为排污收费、环境统计、排污权交易等工作提供统一的污染排放数据,减少重复申报,减轻企事业单位负担。2018年11月5日,生态环境部印发《排污许可管理条例(草案征求意见稿)》。第四条"基本定位"明确"排污许可制是依法规范排污单位排污行为的基础性环境管理制度";第四十五条"数据应用"规定"台账记录和执行报告信息可以作为检查和执法依据。执行报告中的实际排放量可以作为环境保护税征收、年度生态环境统计、污染物总量考核、污染源排放清单编制的重要参考"。据此,将排污许可证执行报告中的实际排放量作为环保税计税依据可能是未来改革的一个方向,企业应尽早将环保税申报管理与排污许可执行报告合并管理,应对可能的制度转换带来的纳税风险。

附录 1

中华人民共和国环境保护税法

(2016 年 12 月 25 日第十二届全国人民代表大会常务委员会第二十五次会议通过)

目 录

第一章 总 则
第二章 计税依据和应纳税额
第三章 税收减免
第四章 征收管理
第五章 附 则

第一章 总 则

第一条 为了保护和改善环境,减少污染物排放,推进生态文明建设,制定本法。

第二条 在中华人民共和国领域和中华人民共和国管辖的其他海域,直接向环境排放应税污染物的企业事业单位和其他生产经营者为环境保护税的纳税人,应当依照本法规定缴纳环境保护税。

第三条 本法所称应税污染物,是指本法所附《环境保护税税目税额表》、《应税污染物和当量值表》规定的大气污染物、水污染物、固体废物和噪声。

第四条 有下列情形之一的,不属于直接向环境排放污染物,不缴纳相应污染物的环境保护税:

(一)企业事业单位和其他生产经营者向依法设立的污水集中处理、生活垃圾集中处理场所排放应税污染物的;

（二）企业事业单位和其他生产经营者在符合国家和地方环境保护标准的设施、场所贮存或者处置固体废物的。

第五条　依法设立的城乡污水集中处理、生活垃圾集中处理场所超过国家和地方规定的排放标准向环境排放应税污染物的，应当缴纳环境保护税。

企业事业单位和其他生产经营者贮存或者处置固体废物不符合国家和地方环境保护标准的，应当缴纳环境保护税。

第六条　环境保护税的税目、税额，依照本法所附《环境保护税税目税额表》执行。

应税大气污染物和水污染物的具体适用税额的确定和调整，由省、自治区、直辖市人民政府统筹考虑本地区环境承载能力、污染物排放现状和经济社会生态发展目标要求，在本法所附《环境保护税税目税额表》规定的税额幅度内提出，报同级人民代表大会常务委员会决定，并报全国人民代表大会常务委员会和国务院备案。

第二章　计税依据和应纳税额

第七条　应税污染物的计税依据，按照下列方法确定：

（一）应税大气污染物按照污染物排放量折合的污染当量数确定；

（二）应税水污染物按照污染物排放量折合的污染当量数确定；

（三）应税固体废物按照固体废物的排放量确定；

（四）应税噪声按照超过国家规定标准的分贝数确定。

第八条　应税大气污染物、水污染物的污染当量数，以该污染物的排放量除以该污染物的污染当量值计算。每种应税大气污染物、水污染物的具体污染当量值，依照本法所附《应税污染物和当量值表》执行。

第九条　每一排放口或者没有排放口的应税大气污染物，按照污染当量数从大到小排序，对前三项污染物征收环境保护税。

每一排放口的应税水污染物，按照本法所附《应税污染物和当量值表》，区分第一类水污染物和其他类水污染物，按照污染当量数从大到小排序，对第一类水污染物按照前五项征收环境保护税，对其他类水污染物按照前三项征收环境保护税。

省、自治区、直辖市人民政府根据本地区污染物减排的特殊需要，可以增加同一排放口征收环境保护税的应税污染物项目数，报同级人民代表大会常务委员会决定，并报全国人民代表大会常务委员会和国务院备案。

第十条　应税大气污染物、水污染物、固体废物的排放量和噪声的分贝数，按照下列方法和顺序计算：

（一）纳税人安装使用符合国家规定和监测规范的污染物自动监测设备的，按照污染物自动监测数据计算；

（二）纳税人未安装使用污染物自动监测设备的，按照监测机构出具的符合国家有关规定和监测规范的监测数据计算；

（三）因排放污染物种类多等原因不具备监测条件的，按照国务院环境保护主管部门规定的排污系数、物料衡算方法计算；

（四）不能按照本条第一项至第三项规定的方法计算的，按照省、自治区、直辖市人民政府环境保护主管部门规定的抽样测算的方法核定计算。

第十一条　环境保护税应纳税额按照下列方法计算：

（一）应税大气污染物的应纳税额为污染当量数乘以具体适用税额；

（二）应税水污染物的应纳税额为污染当量数乘以具体适用税额；

（三）应税固体废物的应纳税额为固体废物排放量乘以具体适用税额；

（四）应税噪声的应纳税额为超过国家规定标准的分贝数对应的具体适用税额。

第三章　税收减免

第十二条　下列情形，暂予免征环境保护税：

（一）农业生产（不包括规模化养殖）排放应税污染物的；

（二）机动车、铁路机车、非道路移动机械、船舶和航空器等流动污染源排放应税污染物的；

（三）依法设立的城乡污水集中处理、生活垃圾集中处理场所排放相应应税污染物，不超过国家和地方规定的排放标准的；

（四）纳税人综合利用的固体废物，符合国家和地方环境保护标准的；

（五）国务院批准免税的其他情形。

前款第五项免税规定，由国务院报全国人民代表大会常务委员会备案。

第十三条　纳税人排放应税大气污染物或者水污染物的浓度值低于

国家和地方规定的污染物排放标准百分之三十的，减按百分之七十五征收环境保护税。纳税人排放应税大气污染物或者水污染物的浓度值低于国家和地方规定的污染物排放标准百分之五十的，减按百分之五十征收环境保护税。

第四章　征收管理

第十四条　环境保护税由税务机关依照《中华人民共和国税收征收管理法》和本法的有关规定征收管理。

环境保护主管部门依照本法和有关环境保护法律法规的规定负责对污染物的监测管理。

县级以上地方人民政府应当建立税务机关、环境保护主管部门和其他相关单位分工协作工作机制，加强环境保护税征收管理，保障税款及时足额入库。

第十五条　环境保护主管部门和税务机关应当建立涉税信息共享平台和工作配合机制。

环境保护主管部门应当将排污单位的排污许可、污染物排放数据、环境违法和受行政处罚情况等环境保护相关信息，定期交送税务机关。

税务机关应当将纳税人的纳税申报、税款入库、减免税额、欠缴税款以及风险疑点等环境保护税涉税信息，定期交送环境保护主管部门。

第十六条　纳税义务发生时间为纳税人排放应税污染物的当日。

第十七条　纳税人应当向应税污染物排放地的税务机关申报缴纳环境保护税。

第十八条　环境保护税按月计算，按季申报缴纳。不能按固定期限计算缴纳的，可以按次申报缴纳。

纳税人申报缴纳时，应当向税务机关报送所排放应税污染物的种类、数量，大气污染物、水污染物的浓度值，以及税务机关根据实际需要要求纳税人报送的其他纳税资料。

第十九条　纳税人按季申报缴纳的，应当自季度终了之日起十五日内，向税务机关办理纳税申报并缴纳税款。纳税人按次申报缴纳的，应当自纳税义务发生之日起十五日内，向税务机关办理纳税申报并缴纳税款。

纳税人应当依法如实办理纳税申报，对申报的真实性和完整性承担责任。

第二十条 税务机关应当将纳税人的纳税申报数据资料与环境保护主管部门交送的相关数据资料进行比对。

税务机关发现纳税人的纳税申报数据资料异常或者纳税人未按照规定期限办理纳税申报的，可以提请环境保护主管部门进行复核，环境保护主管部门应当自收到税务机关的数据资料之日起十五日内向税务机关出具复核意见。税务机关应当按照环境保护主管部门复核的数据资料调整纳税人的应纳税额。

第二十一条 依照本法第十条第四项的规定核定计算污染物排放量的，由税务机关会同环境保护主管部门核定污染物排放种类、数量和应纳税额。

第二十二条 纳税人从事海洋工程向中华人民共和国管辖海域排放应税大气污染物、水污染物或者固体废物，申报缴纳环境保护税的具体办法，由国务院税务主管部门会同国务院海洋主管部门规定。

第二十三条 纳税人和税务机关、环境保护主管部门及其工作人员违反本法规定的，依照《中华人民共和国税收征收管理法》、《中华人民共和国环境保护法》和有关法律法规的规定追究法律责任。

第二十四条 各级人民政府应当鼓励纳税人加大环境保护建设投入，对纳税人用于污染物自动监测设备的投资予以资金和政策支持。

第五章 附　　则

第二十五条 本法下列用语的含义：

（一）污染当量，是指根据污染物或者污染排放活动对环境的有害程度以及处理的技术经济性，衡量不同污染物对环境污染的综合性指标或者计量单位。同一介质相同污染当量的不同污染物，其污染程度基本相当。

（二）排污系数，是指在正常技术经济和管理条件下，生产单位产品所应排放的污染物量的统计平均值。

（三）物料衡算，是指根据物质质量守恒原理对生产过程中使用的原料、生产的产品和产生的废物等进行测算的一种方法。

第二十六条 直接向环境排放应税污染物的企业事业单位和其他生产

经营者，除依照本法规定缴纳环境保护税外，应当对所造成的损害依法承担责任。

第二十七条 自本法施行之日起，依照本法规定征收环境保护税，不再征收排污费。

第二十八条 本法自2018年1月1日起施行。

附表一

环境保护税税目、税率表

税 目		计税单位	税率	备注
大气污染物		每污染当量	1.2元至12元	
水污染物		每污染当量	1.4元至14元	
固体废物	煤矸石	每吨	5元	
	尾矿	每吨	15元	
	危险废物	每吨	1 000元	
	冶炼渣、粉煤灰、炉渣和其他固体废物（含半固态、液态废物）	每吨	25元	
噪声	工业噪声	超标1~3分贝	每月350元	1. 一个单位边界上有多处噪声超标，根据最高一处超标声级计算应纳税额；沿边界长度超过100米有两处以上噪声超标，按照两个单位计算应纳税额。 2. 一个单位有不同地点作业场所的，应当分别计算应纳税额，合并计征。 3. 昼、夜均超标的环境噪声，昼、夜分别计算应纳税额，累计计征。 4. 声源一个月内超标不足15天的，减半计算应纳税额。 5. 夜间频繁突发和夜间偶然突发厂界超标噪声，按等效声级和峰值噪声两种指标中超标分贝值高的一项计算应纳税额
		超标4~6分贝	每月700元	
		超标7~9分贝	每月1 400元	
		超标10~12分贝	每月2 800元	
		超标13~15分贝	每月5 600元	
		超标16分贝以上	每月11 200元	

附表二

应税污染物和当量值表

一、第一类水污染物污染当量值

污染物	污染当量值（千克）
1. 总汞	0.0005
2. 总镉	0.005
3. 总铬	0.04
4. 六价铬	0.02
5. 总砷	0.02
6. 总铅	0.025
7. 总镍	0.025
8. 苯并（a）芘	0.0000003
9. 总铍	0.01
10. 总银	0.02

二、第二类水污染物污染当量值

污染物	污染当量值（千克）	备注
11. 悬浮物（SS）	4	
12. 生化需氧量（BOD_5）	0.5	
13. 化学需氧量（COD_{cr}）	1	
14. 总有机碳（TOC）	0.49	
15. 石油类	0.1	
16. 动植物油	0.16	同一排放口中的化学需氧量、生化需氧量和总有机碳，只征收一项
17. 挥发酚	0.08	
18. 总氰化物	0.05	
19. 硫化物	0.125	
20. 氨氮	0.8	
21. 氟化物	0.5	
22. 甲醛	0.125	
23. 苯胺类	0.2	

续表

污染物	污染当量值（千克）	备注
24. 硝基苯类	0.2	
25. 阴离子表面活性剂（LAS）	0.2	
26. 总铜	0.1	
27. 总锌	0.2	
28. 总锰	0.2	
29. 彩色显影剂（CD-2）	0.2	
30. 总磷	0.25	
31. 单质磷（以P计）	0.05	
32. 有机磷农药（以P计）	0.05	
33. 乐果	0.05	
34. 甲基对硫磷	0.05	
35. 马拉硫磷	0.05	
36. 对硫磷	0.05	
37. 五氯酚及五氯酚钠（以五氯酚计）	0.25	
38. 三氯甲烷	0.04	
39. 可吸附有机卤化物（AOX）（以Cl计）	0.25	
40. 四氯化碳	0.04	
41. 三氯乙烯	0.04	
42. 四氯乙烯	0.04	
43. 苯	0.02	
44. 甲苯	0.02	
45. 乙苯	0.02	
46. 邻—二甲苯	0.02	
47. 对—二甲苯	0.02	
48. 间—二甲苯	0.02	
49. 氯苯	0.02	
50. 邻二氯苯	0.02	

续表

污染物	污染当量值（千克）	备注
51. 对二氯苯	0.02	
52. 对硝基氯苯	0.02	
53. 2,4-二硝基氯苯	0.02	
54. 苯酚	0.02	
55. 间—甲酚	0.02	
56. 2,4-二氯酚	0.02	
57. 2,4,6-三氯酚	0.02	
58. 邻苯二甲酸二丁酯	0.02	
59. 邻苯二甲酸二辛酯	0.02	
60. 丙烯腈	0.125	
61. 总硒	0.02	

三、pH值、色度、大肠菌群数、余氯量水污染物污染当量值

污染物		污染当量值	备注
1. pH值	1. 0~1，13~14 2. 1~2，12~13 3. 2~3，11~12 4. 3~4，10~11 5. 4~5，9~10 6. 5~6	0.06吨污水 0.125吨污水 0.25吨污水 0.5吨污水 1吨污水 5吨污水	pH值5~6，指大于等于5，小于6；pH值9~10，指大于9，小于等于10，其余类推
2. 色度		5吨水·倍	
3. 大肠菌群数（超标）		3.3吨污水	大肠菌群数和余氯量只征收一项
4. 余氯量（用氯消毒的医院废水）		3.3吨污水	

四、禽畜养殖业、小型企业和第三产业水污染物污染当量值

类型		污染当量值	备注
1. 禽畜养殖场	（1）牛	0.1头	仅对存栏规模大于50头牛、500头猪和5 000羽鸡、鸭等的禽畜养殖场征收
	（2）猪	1头	
	（3）鸡、鸭等家禽	30羽	

续表

类型		污染当量值	备注
2. 小型企业		1.8 吨污水	
3. 饮食娱乐服务业		0.5 吨污水	
4. 医院	（1）消毒	0.14 床	医院病床数超过20张的按照本表计算污染当量数
		2.8 吨污水	
	（2）不消毒	0.07 床	
		1.4 吨污水	

注：本表仅适用于计算无法进行实际监测或者物料衡算的禽畜养殖业、小型企业和第三产业等小型排污者的水污染物污染当量数。

五、大气污染物污染当量值

污染物	污染当量值（千克）
1. 二氧化硫	0.95
2. 氮氧化物	0.95
3. 一氧化碳	16.7
4. 氯气	0.34
5. 氯化氢	10.75
6. 氟化物	0.87
7. 氰化氢	0.005
8. 硫酸雾	0.6
9. 铬酸雾	0.0007
10. 汞及其化合物	0.0001
11. 一般性粉尘	4
12. 石棉尘	0.53
13. 玻璃棉尘	2.13
14. 碳黑尘	0.59
15. 铅及其化合物	0.02
16 镉及其化合物	0.03
17. 铍及其化合物	0.0004
18. 镍及其化合物	0.13
19. 锡及其化合物	0.27

附录 2

中华人民共和国环境保护税法实施条例

第一章　总　　则

第一条　根据《中华人民共和国环境保护税法》（以下简称环境保护税法），制定本条例。

第二条　环境保护税法所附《环境保护税税目税额表》所称其他固体废物的具体范围，依照环境保护税法第六条第二款规定的程序确定。

第三条　环境保护税法第五条第一款、第十二条第一款第三项规定的城乡污水集中处理场所，是指为社会公众提供生活污水处理服务的场所，不包括为工业园区、开发区等工业聚集区域内的企业事业单位和其他生产经营者提供污水处理服务的场所，以及企业事业单位和其他生产经营者自建自用的污水处理场所。

第四条　达到省级人民政府确定的规模标准并且有污染物排放口的畜禽养殖场，应当依法缴纳环境保护税；依法对畜禽养殖废弃物进行综合利用和无害化处理的，不属于直接向环境排放污染物，不缴纳环境保护税。

第二章　计税依据

第五条　应税固体废物的计税依据，按照固体废物的排放量确定。固体废物的排放量为当期应税固体废物的产生量减去当期应税固体废物的贮存量、处置量、综合利用量的余额。

前款规定的固体废物的贮存量、处置量，是指在符合国家和地方环境保护标准的设施、场所贮存或者处置的固体废物数量；固体废物的综合利用量，是指按照国务院发展改革、工业和信息化主管部门关于资源综合利用要求以及国家和地方环境保护标准进行综合利用的固体废物数量。

第六条 纳税人有下列情形之一的,以其当期应税固体废物的产生量作为固体废物的排放量:

(一)非法倾倒应税固体废物;

(二)进行虚假纳税申报。

第七条 应税大气污染物、水污染物的计税依据,按照污染物排放量折合的污染当量数确定。

纳税人有下列情形之一的,以其当期应税大气污染物、水污染物的产生量作为污染物的排放量:

(一)未依法安装使用污染物自动监测设备或者未将污染物自动监测设备与环境保护主管部门的监控设备联网;

(二)损毁或者擅自移动、改变污染物自动监测设备;

(三)篡改、伪造污染物监测数据;

(四)通过暗管、渗井、渗坑、灌注或者稀释排放以及不正常运行防治污染设施等方式违法排放应税污染物;

(五)进行虚假纳税申报。

第八条 从两个以上排放口排放应税污染物的,对每一排放口排放的应税污染物分别计算征收环境保护税;纳税人持有排污许可证的,其污染物排放口按照排污许可证载明的污染物排放口确定。

第九条 属于环境保护税法第十条第二项规定情形的纳税人,自行对污染物进行监测所获取的监测数据,符合国家有关规定和监测规范的,视同环境保护税法第十条第二项规定的监测机构出具的监测数据。

第三章 税收减免

第十条 环境保护税法第十三条所称应税大气污染物或者水污染物的浓度值,是指纳税人安装使用的污染物自动监测设备当月自动监测的应税大气污染物浓度值的小时平均值再平均所得数值或者应税水污染物浓度值的日平均值再平均所得数值,或者监测机构当月监测的应税大气污染物、水污染物浓度值的平均值。

依照环境保护税法第十三条的规定减征环境保护税的,前款规定的应税大气污染物浓度值的小时平均值或者应税水污染物浓度值的日平均值,以及监测机构当月每次监测的应税大气污染物、水污染物的浓度值，均不得超过国家和地方规定的污染物排放标准。

第十一条 依照环境保护税法第十三条的规定减征环境保护税的，应当对每一排放口排放的不同应税污染物分别计算。

第四章 征收管理

第十二条 税务机关依法履行环境保护税纳税申报受理、涉税信息比对、组织税款入库等职责。

环境保护主管部门依法负责应税污染物监测管理，制定和完善污染物监测规范。

第十三条 县级以上地方人民政府应当加强对环境保护税征收管理工作的领导，及时协调、解决环境保护税征收管理工作中的重大问题。

第十四条 国务院税务、环境保护主管部门制定涉税信息共享平台技术标准以及数据采集、存储、传输、查询和使用规范。

第十五条 环境保护主管部门应当通过涉税信息共享平台向税务机关交送在环境保护监督管理中获取的下列信息：

（一）排污单位的名称、统一社会信用代码以及污染物排放口、排放污染物种类等基本信息；

（二）排污单位的污染物排放数据（包括污染物排放量以及大气污染物、水污染物的浓度值等数据）；

（三）排污单位环境违法和受行政处罚情况；

（四）对税务机关提请复核的纳税人的纳税申报数据资料异常或者纳税人未按照规定期限办理纳税申报的复核意见；

（五）与税务机关商定交送的其他信息。

第十六条 税务机关应当通过涉税信息共享平台向环境保护主管部门交送下列环境保护税涉税信息：

（一）纳税人基本信息；

（二）纳税申报信息；

（三）税款入库、减免税额、欠缴税款以及风险疑点等信息；

（四）纳税人涉税违法和受行政处罚情况；

（五）纳税人的纳税申报数据资料异常或者纳税人未按照规定期限办理纳税申报的信息；

（六）与环境保护主管部门商定交送的其他信息。

第十七条 环境保护税法第十七条所称应税污染物排放地是指：

（一）应税大气污染物、水污染物排放口所在地；

（二）应税固体废物产生地；

（三）应税噪声产生地。

第十八条 纳税人跨区域排放应税污染物，税务机关对税收征收管辖有争议的，由争议各方按照有利于征收管理的原则协商解决；不能协商一致的，报请共同的上级税务机关决定。

第十九条 税务机关应当依据环境保护主管部门交送的排污单位信息进行纳税人识别。

在环境保护主管部门交送的排污单位信息中没有对应信息的纳税人，由税务机关在纳税人首次办理环境保护税纳税申报时进行纳税人识别，并将相关信息交送环境保护主管部门。

第二十条 环境保护主管部门发现纳税人申报的应税污染物排放信息或者适用的排污系数、物料衡算方法有误的，应当通知税务机关处理。

第二十一条 纳税人申报的污染物排放数据与环境保护主管部门交送的相关数据不一致的，按照环境保护主管部门交送的数据确定应税污染物的计税依据。

第二十二条 环境保护税法第二十条第二款所称纳税人的纳税申报数据资料异常，包括但不限于下列情形：

（一）纳税人当期申报的应税污染物排放量与上一年同期相比明显偏低，且无正当理由；

（二）纳税人单位产品污染物排放量与同类型纳税人相比明显偏低，且无正当理由。

第二十三条 税务机关、环境保护主管部门应当无偿为纳税人提供与缴纳环境保护税有关的辅导、培训和咨询服务。

第二十四条 税务机关依法实施环境保护税的税务检查，环境保护主管部门予以配合。

第二十五条　纳税人应当按照税收征收管理的有关规定，妥善保管应税污染物监测和管理的有关资料。

第五章　附　　则

第二十六条　本条例自 2018 年 1 月 1 日起施行。2003 年 1 月 2 日国务院公布的《排污费征收使用管理条例》同时废止。

参 考 文 献

[1] 国家税务总局财产行为税司. 环境保护税政策和征管业务指南 [M]. 北京：中国税务出版社，2018.

[2] 刘伟. 化工企业：环保税管理从日常做起 [N]. 中国税务报，2019 - 07 - 12.

[3] 中国环境年鉴 [M]. 北京：中国环境年鉴社，2018.

[4] 王鹏. 石化企业挥发性有机物排放源及排放量估算探讨 [J]. 石油化工安全环保技术，2013（29）：59 - 62.

[5] 吕文正，陈自杰，徐莉. 王瑞杰注水在石油开采上的应用 [J]. 工业，2016（1）.

[6] 陈军，李晓飞. 对胜利油田回注水处理工作的几点认识 [J]. 油气田地面工程，2006（3）.

[7] 吕慧超，左岩. 油田回注水处理技术及其发展趋势 [J]. 工业用水与废水 2009（2）.

[8] 任国庆. 油田回注水二次污染的解决措施探析 [J]. 工业，2015（2）.

[9] 古德宁，程伟娜，陈晓芳. 浅谈中原油田回注水 [J]. 石化技术，2016（9）.

图书在版编目（CIP）数据

石油石化行业环境保护税实践性管理研究/刘建军，高燕著.
—北京：经济科学出版社，2020.8
ISBN 978－7－5218－1697－6

Ⅰ.①石… Ⅱ.①刘…②高… Ⅲ.①石油企业－环境税－税收管理－研究－中国②石油化工企业－环境税－税收管理－研究－中国 Ⅳ.①F812.424

中国版本图书馆 CIP 数据核字（2020）第 125231 号

责任编辑：齐伟娜　杨　梅
责任校对：杨　海
技术编辑：李　鹏　范　艳

石油石化行业环境保护税实践性管理研究

刘建军　高　燕／著
经济科学出版社出版、发行　新华书店经销
社址：北京市海淀区阜成路甲 28 号　邮编：100142
总编部电话：010－88191217　发行部电话：010－88191540
网址：www.esp.com.cn
电子邮箱：esp@esp.com.cn
天猫网店：经济科学出版社旗舰店
网址：http://jjkxcbs.tmall.com
北京季蜂印刷有限公司印装
710×1000　16 开　7.25 印张　120000 字
2020 年 11 月第 1 版　2020 年 11 月第 1 次印刷
ISBN 978－7－5218－1697－6　定价：36.00 元
(图书出现印装问题，本社负责调换。电话：010－88191510)
(版权所有　侵权必究　打击盗版　举报热线：010－88191661
　QQ：2242791300　营销中心电话：010－88191537
　电子邮箱：dbts@esp.com.cn)